Esoterik

Herausgegeben von Gerhard Riemann

Die archaische Funktionsweise menschlichen Denkens läßt sich in der Plus-minus-Arbeit des menschlichen Computers wiedererkennen: dem binomischen Erfassen der Welt, das die Grundlage für die geistige Entwicklung der Menschheit bildet.

Am Anfang standen Gegensatz und Zusammenspiel von Paar und Unpaar, gerade und ungerade, negativ und positiv wie die Pole des elektrischen Stroms.

Die Gesamtschau der Welt als Wechselspiel zweier sich ergänzender Kräfte ist die älteste philosophische Leistung und führte zu einem System, das bis heute in weiten Gebieten Asiens und Afrikas täglich als Orakeltechnik verwendet wird: der Geomantik. Jahrhundertelang auch in Europa bekannt, doch seit langer Zeit in Vergessenheit geraten, finden wir in der Erdbefragung eine Methode zu innerer Einsichtnahme und Selbsterkenntnis.

Uwe Topper hat alte Quellen studiert und dieses Wissen mit neuzeitlichen psychologischen Erkenntnissen kombiniert, so daß die lange verschollenen Kenntnisse um die Erdbefragung endlich wieder nutzbar gemacht werden können.

Originalausgabe 1988
© 1988 by Droemersche Verlagsanstalt Th. Knaur Nachf., München

Umschlaggestaltung Dieter Bonhorst unter Verwendung
einer Idee von Uwe Topper
Satz IBV Satz- und Datentechnik GmbH, Berlin
Druck und Bindung Ebner Ulm
Printed in Germany   5   4   3   2   1
ISBN 3-426-04189-8

Uwe Topper:
Erdbefragung

Anleitung zur Geomantik

Für Nicole
mit Dank für ihre Anwesenheit

INHALT

EINLEITUNG

Die Orakeltechniken, die uns aus alter Zeit oder aus dem Orient in den letzten Jahrzehnten wieder erreicht und interessiert haben, sind eine bemerkenswerte Bereicherung unserer Selbsterkenntnis geworden. Neben den gut bekannten wie I-ching und Tarot gibt es noch einige andere Praktiken, die sehr viel älter sind und bisher weitgehend unbekannt blieben: Orakel wie die Feuerprobe, die Wasserschau und die Erdbefragung.

Die letzte dieser drei wurde sogar noch im vorigen Jahrhundert in Mitteleuropa ausgeübt, erst neuerdings ist sie bei uns völlig in Vergessenheit geraten und bedarf der Wiederbelebung.

In orientalischen Ländern ist die Kunst der Sandbefragung, wie die Geomantik dort genannt wird, noch täglich im Gebrauch. Dort habe ich sie kennengelernt und ihren Wert erfahren. Obgleich sie zu den »Geheimwissenschaften« gehört, die der Erforschung des Geisteszustandes dienen, halte ich es dennoch für sinnvoll, sie in einfacher, allgemeinverständlicher Form mitzuteilen, so daß praktisch jeder daran teilhaben kann.

Der Leser wird bald merken, daß er die wenigen Handgriffe, die zur Bestimmung der Orakelantwort nötig sind, auf leichte Art selbst ausführen kann. Das »Handwerkszeug«, das er auf diese Weise gewinnt, befähigt ihn, seine jeweilige Verfassung, seinen augenblicklichen geistigen oder seelischen Zustand, festzustellen und dadurch seine Entscheidungen mit größerer Sicherheit zu treffen.

Eine Warnung vor Mißbrauch der Erdbefragung ist vielleicht angebracht: Es handelt sich hierbei nicht etwa um ein neues Gesellschaftsspiel oder gar einen lustigen Zeitvertreib, sondern um eine der frühesten parareligiösen Handlungen der Menschheit. Jede Art von Achtlosigkeit im Umgang damit könnte sich gegen den Betreffenden wenden.

DIE GRUNDLAGE

Das Wort Geomantik kommt aus dem Griechischen und setzt sich aus *gé* (Erde) und *manteía* (Vorausschau, Orakelbefragung) zusammen; »Erdbefragung« ist demnach die genaue Übersetzung.

Stärker als die Astrologie gründet sich die Geomantik auf ein holistisches Weltbild: auf die Anschauung von der Einheit des Kosmos, auf den inneren Zusammenhalt aller Dinge und Wesen. Dies ist die Grundlage aller introvertierten Orakeltechniken, wie zum Beispiel Kristallkugelschau, Kaffeesatz- und Tintenklecksanalyse, Bleigießen und Kartenlegen. Die Art und Weise, in der die Erdbefragung ausgeführt wird, zeigt, daß sie vermutlich die älteste aller dieser Orakeltechniken ist.

Die philosophische Grundlage, das holistische Weltbild, gehört zu den frühesten formulierten Denksystemen der Menschheit. Es liegt den monotheistischen Religionen zugrunde, die schon zu Beginn des letzten Jahrtausends vor unserer Zeitrechnung voll entwickelt waren: der jüdischen und der phönizischen Religion sowie der Urform der zoroastrischen Lehre.

Im antiken Griechenland gab es bereits viele Vertreter der Einheitstheorie: von Empedokles über die Naturphilosophen Heraklit, Thales von Milet und Demokrit sowie den Arzt Hippokrates bis zu Platon und seinen Nachfolgern.

In der Renaissance wurde die Idee der Einheit des Universums und aller darin ablaufenden Vorgänge erneut zur Denkgrundlage erhoben und oft unter Einsatz des

Lebens durchgefochten, zum Beispiel von Giordano Bruno (hingerichtet im Jahre 1600). Vorher schon hatte Pico della Mirandola (1463–1494) geschrieben: »Zum ersten besteht eine Einheit aller Dinge, in der jedes eins ist mit sich selbst, durch sich selbst besteht und mit sich selbst vereint ist; und zum zweiten gibt es eine Einheit, in der jedes Geschöpf mit allen anderen vereint ist, so daß alle Teile der Welt eine einzige Welt ergeben.«

Die heutigen Physiker, sowohl Astrophysiker als auch Atomphysiker, bemühen sich ebenfalls wieder um ein einheitliches Weltbild. Die Ansätze dazu wurden schon im Machschen Prinzip gelegt. Durch die jüngsten Entwicklungen wurden sie auch philosophisch unterbaut, wie Fritjof Capra und einige andere in Auswertung der Erkenntnisse von Heisenberg und Bohr gezeigt haben.[1]

WIE ICH AUF DIE SANDKUNST STIESS

Zum Heiligtum des Sidi Bel Abbas, das im Norden von Marrakesch liegt, zu gehen ist mir immer ein Vergnügen. Durch die Basare der Lederarbeiter und Holzhandwerker, der Wollfärber und Schmiede gelange ich in die weniger eng angelegten Viertel besserer Bürger vorbei an einer großen Schule, biege nach rechts in eine enge Gasse ein und stehe nach wenigen Schritten im Torbogen, der geradewegs zum Heiligtum führt. In den Arkaden links und rechts sitzen in kleinen Räumen Menschen, die ganz eigenartige Berufe ausüben: Frauen und Männer, die das Schicksal erforschen und ihr Wissen für bescheidenes Geld verkaufen.

Zu allen Tageszeiten kommen Bittsteller hierher und lassen sich beraten. Damit ist natürlich auch ein Besuch im Heiligtum verbunden, wo man ein kleines Opfer abgibt, Kerzen anzündet und ein paar Gebete spricht.[2]

Diese Schicksalsdeuter erfüllen tatsächlich eine wichtige soziale Aufgabe, vergleichbar etwa der unserer Psychotherapeuten, wie mir Mohammed glaubwürdig versicherte. Ich kenne ihn seit einigen Jahren, als er noch Schüler am Lyzeum war. Jetzt ist er 22 Jahre alt, arbeitet in der Verwaltung der Stadt, spricht und schreibt fließend Französisch wie Arabisch, hat eine beträchtliche Menge europäischer Literatur gelesen und kann als intellektuell gelten. Die Freude des Wiedersehens ist auf beiden Seiten groß, doch nach den ersten Grußworten werden wir uns beide bewußt, daß wir uns hier an einem etwas ungewöhnlichen Ort befinden.

»Was machst du denn hier?« fragt jeder den anderen gleichzeitig.

»Nun, ich bin halt neugierig und schaue gerne den Wahrsagerinnen beim Bleigießen über die Schulter«, sage ich. »Aber du?«

Was Mohammed nun erzählt, klingt zunächst, als wolle er mir ausweichen. Er spricht von seinen Eltern, die ihn nach alter Tradition verheiraten wollen, spricht von einem Mädchen, das er seit Jahren kennt – kurzum: Es ist das übliche Dilemma, in dem sich ein junger marokkanischer Mann in seinem Alter befindet. Doch dann erfahre ich, daß ebendies der Grund für seinen Gang zum Sidi Bel Abbas und dessen Schicksalsdeutern ist.

»Mohammed, und nun läßt du dich von diesem Alten hier in deiner Herzensfrage beraten? Glaubst du denn, daß er dir aus diesen 16 Strichen im Sand etwas über dein Wesen und deinen inneren Zustand sagen kann?«

»Gewiß, ja, das glaube ich! Seit den Uranfängen unserer Kultur sind die 16 Sandzeichen befragt worden, und wir haben ihnen immer vertraut. Der Erfolg allein gibt ein Recht zum Fortfahren in alten Traditionen. Alle haben diesen Erfolg immer gespürt.«

»Es gibt ja auch Bleigießer hier und Kartenlegerinnen und Astrologen. Warum wählst du gerade die Sandkunst, um Antwort auf deine Frage zu erhalten?«

»Die Bleigießer – ja, die urteilen eigentlich nur aufgrund ihrer Menschenkenntnis, und sie besitzen eine erstaunliche Phantasie. Das kann immer wieder mal nützliche Anregungen bringen, aber es ist mir zu unsicher. Man muß dem Wahrsager vertrauen, seinen Fähigkeiten, seinem Spürsinn. Und die Kartenlegerinnen – die sind mir zu fremd. Den Frauen vertraue ich nicht.«

»Und was hältst du von der Astrologie, Mohammed?«

»Sie gehört auch zu unseren alten Wahrsagetechniken, aber sie ist mir ganz fremd. Die Sterne stehen so fern von uns hoch am Himmel, einer wie der andere. Ich kenne nur ein paar mit Namen, Venus, Mars, Jupiter, Sirius und die Plejaden. Ich glaube nicht, daß sie einen Einfluß auf mich ausüben. Ihr Licht ist gering und ihre Wirkung unmerklich. Ganz anders die Erde und meine innere Spannung. Diese will ich erfahren. Darum vertraue ich der Sandkunst: Sie ist etwas Genaues. Sie gibt mir ein getreues Abbild meiner inneren Verfassung.«

»Könntest du die Sandbefragung nicht auch allein durchführen, oder brauchst du diesen Gelehrten dazu?«

»Man kann es im Prinzip selbst tun, aber ich habe jene Bücher nicht, die er aufschlägt, um mir die Deutung vorzulesen. Und außerdem ist es ja so billig.«

Auch das ist ein Argument, sagte ich mir, und nachdem mein Freund sich verabschiedet hatte, kam mir der Gedanke, es selbst einmal zu versuchen.

Das Ergebnis war nicht gerade umwerfend, bestärkte mich aber, in dieser Richtung weiterzuforschen. Und so fand ich nach und nach heraus, daß es sich keineswegs um eine starre Rechenoperation handelt; vielmehr hängt der Erfolg von der persönlichen Fähigkeit des Orakeldeuters ab. Die verschiedenen Bücher, die bei der Auslegung verwendet werden, bringen nämlich ganz unterschiedliche Deutungen und stimmen nur im Grundsystem, den 16 Zeichen, überein.

Dies regte meinen Wissensdurst nur noch mehr an. Nachdem ich das Grundprinzip erlernt hatte, das übrigens ganz einfach ist, beschäftigte ich mich mit den Büchern, die hier für die Deutung verwendet werden. Einer der neueren Texte, der des Ägypters Tuchy, ist eine Auswertung zahlreicher älterer Werke, sowohl von Klassikern wie Scheich Zanaty als auch von seltenen Manuskripten. Allerdings gelang es Tuchy nicht, die verschiedenen Deutungen zu ordnen.

Ich will das am Beispiel der Himmelsrichtungen erläutern: Während in einem libanesischen Text Meer und Westen miteinander verbunden sind zu einer gedanklichen Einheit, liegt für den Ägypter Tuchy das Meer im Norden, und in einem Zitat aus einer offensichtlich jemenitischen Handschrift, die er benutzte, sind Meer und Süden zur Einheit verschmolzen. Es ist klar, daß die daraus gezogenen Schlußfolgerungen wertlos sind.

Hier muß man den Standort des Autors berücksichtigen oder auf die Übernahme der Himmelsrichtungen verzichten – wie ich es schließlich tat. Dasselbe gilt natürlich auch für die Jahreszeiten und andere Kalenderangaben, denn es sind ja im Orient mehrere Kalender nebeneinander in Gebrauch.

Aber selbst über so »feste« Dinge wie Metalle oder Edelsteine haben die Autoren unterschiedliche Meinungen. Darum begann ich, die besten Bücher miteinander zu vergleichen und mir ein kleines Büchlein zusammenzustellen, in das ich nur übernahm, was bei den meisten Autoren übereinstimmt. Dieses Handbuch der Geomantik für den eigenen Gebrauch ist es, das der Leser hier vor sich hat.

Bevor ich nun die einfachen Handgriffe und die Deutung der Zeichen mitteile, möchte ich etwas über den geistigen Hintergrund der Sandbefragung sagen, denn die Frage nach dem Sinn bedarf einer Klärung, bevor man sich die Mühe macht, auf diese Weise sein Unterbewußtsein zu erkunden.

DER INNERE SINN DER WISSENSCHAFT DES SANDES

Sieht man die psychologische Wirkung, die die Sandkunst bei den Leuten hier vollbringt, dann stellt sich die Frage, wie denn diese Verbindung zustande kommt zwischen Bild und Deutung, zwischen der mathematischen Form des Sandzeichens und dem gesprochenen Urteil. Gibt es da tatsächlich eine gesetzmäßige Linie, einen zwangsläufigen Zusammenhang, oder handelt es sich nur um zufällige Eingebungen, die einem oder einigen frühen Philosophen eingefallen sind?

Unsere naturwissenschaftliche Weltanschauung beruht auf den sogenannten »exakten« Wissenschaften, die ihren Ursprung weniger in den großzügigen Naturphilosophien der antiken Griechen noch in den weltumfassenden Enzyklopädien der Araber als vielmehr in den geheimen Laboratorien des ausgehenden Mittelalters nahmen. Nicht die Betrachtung der Natur als Gottheit oder als Schauplatz kosmischer Ereignisse, sondern die exakte Analyse chemischer und physikalischer Vorgänge in der Ausnahmesituation des Versuchs im Labor war die Grundlage für die Erkenntnis der Kausalität gewesen, die seit der Renaissance unser wissenschaftliches Denken in entscheidendem Maße geprägt hat. Wir sind sogar so weit gegangen, Geschichte als einen Ablauf kausaler Zusammenhänge zu sehen, in denen weder Zufall noch der Wille eines einzelnen, noch höhere Mächte irgendeine Rolle spielen können.

Erst nachdem sich die modernen Physiker der Tatsache

bewußt geworden waren, daß der beobachtete Vorgang in entscheidender Weise vom Beobachter abhängig ist und alle kausalen »Gesetze« nur statistische Erkenntnisse sind, die mit verschieden großer Wahrscheinlichkeit die Naturvorgänge beschreiben, beginnt man, diese Einstellung auch im psychologischen Forschungsbereich einzunehmen. Die Verschiebung des Standpunktes entspricht einer kopernikanischen Revolution: Aus der anthropozentrischen Erfassung der Welt ergab sich die Erkenntnis, daß diese Art der Welterfassung den Menschen mit einschließen muß als Faktor wie als Objekt.

Von nun an kann von einer »objektiven« Beschreibung der Natur keine Rede mehr sein, denn alles ist als Funktion des Betrachters darzustellen. Seine eigene Haltung, seine Absichten und Antriebe – kurz: seine psychologische Verfassung – sind mitbestimmende Faktoren des Bildes, das es zu beschreiben gilt.

Von der kausalen Welterfassung, die in den letzten Jahrhunderten unser Weltbild bestimmte, haben wir nun zu einer ursprünglicheren Stufe, der akausalen Denkweise, zurückgefunden, einer Denkweise, die bei einigen außerordentlich intelligenten Völkern – wie zum Beispiel den Chinesen – immer Gültigkeit hatte.

Die akausale Betrachtungsweise zieht *alle* Faktoren in Betracht, einschließlich jener, die der Beobachter selbst mit ins Spiel bringt. Eine Augenblickssituation ist nicht so sehr Folge gewisser vorausgegangener Entwicklungsprozesse, sondern vielmehr ein Zusammentreffen einer Vielzahl nicht miteinander verbundener, aber in diesem Augenblick zusammenkommender Kräfte, vereinigt unter dem einzigen Gesichtspunkt, der diese Situation erfaßt: dem Gesichtspunkt des Betrachters.

Nunmehr muß das Hauptziel jeder Welterfassung sein, die augenblickliche Verfassung des Beobachters zu erkennen. Alle Kräfte des Augenblicks bestimmen seinen Zustand, ja seine Person selbst ist die genaueste Zusammenfassung aller Kräfte im Raum, der auf ihn bezogen ist. So ist jeder in seiner Welt die Summe aller Vorgänge. Was immer er tut, kann sich nur so abspielen, wie es sein inneres Kräfteverhältnis, die Gesamtheit aller seiner Bestimmungsfaktoren, verlangt. Ganz gleich, ob er würfelt oder Steinchen wirft oder Striche in den Sand zieht – die ihn konstituierenden Faktoren sind am Werke und ergeben einen Ausdruck seiner Situation, ein Schema seiner persönlichen Verfassung. Dies ist die Wirkungsweise vieler archaischer Orakel, besonders aber der Sandkunst. Grundlage der Sandkunst ist die Erkenntis der Binomität alles Seienden, wie sie uns in der Zweipoligkeit der Erde oder des elektrischen Stromes, der Magnetkräfte oder der Zweigeschlechtlichkeit in der belebten Natur entgegentritt.

Die Zweiteilung der Kräfte der Welt und die Vereinigung des weiblichen und männlichen Prinzips (Tai-ki) wurden von den Chinesen schon zu Beginn ihrer Kultur in einem sehr einfachen Zeichen dargestellt, das aus dem Gegensatzpaar Yin (das Dunkle, Weibliche) und Yang (das Helle, Männliche) besteht.[3]

Yin und Yang

17

Dieses Sinnbild symbolisiert in vielgestaltiger Weise unsere Welt: Es zeigt Helles und Dunkles, Tag und Nacht, Himmel und Erde, oben und unten, Mann und Frau. Für den ostasiatischen Denker führen diese Gegensatzpaare jedoch nicht zum Dualismus (wie er uns zum Beispiel im alten Iran als Kampf des Lichtes gegen die Mächte der Finsternis bekannt ist), sondern zu einer monistischen Weltanschauung, die in der Einheit dieser Gegensätze, im Tao, das eigentliche Wesen der Welt sieht.

Aus dem Zusammenspiel dieser Kräfte – aus Süd und Nord, weiblich und männlich, Vergehen und Werden – besteht unser Dasein. Diese Kräfte bekämpfen sich nicht, sondern ergänzen sich und lassen dadurch Leben entstehen. In der unterschiedlichen Aufladung der beiden Pole und dem ständigen Kraftgefälle vom einen zum anderen und umgekehrt ist alles Lebendige enthalten. Aus ihm ergibt sich der Energiestrom, der die verschiedenen Zustände hervorruft. Vom Höheren fließt es zum Tieferen hinab, von unten steigt es nach oben auf. Dabei wird das Gleichgewicht angestrebt, doch praktisch nie erreicht. Alles bleibt in Fluß, ist stetigen Wandlungen unterworfen.[4]

Jede Zustandsbeschreibung ist ein Augenblicksbild wie eine Momentaufnahme aus einem Film. Sie läßt sich in einfachen Zahlenpaaren, in Plus und Minus erfassen. Aus diesem binären (nicht dualistischen!) Weltbild ergeben sich zahlreiche Schlußfolgerungen, die eine genaue Ortsbestimmung im Chaos, das uns umgibt, erlauben. Dabei nehmen wir eine Wertung der Begriffe vor: Alles Ungerade, Unpaarige, Einfache (= 1) steht höher, fester, dauerhafter, »besser«; alles Gerade, Paarige, Zusammengesetzte (= 2) steht tiefer, schwächer, »schlechter«. Aus dem Zusammenspiel der beiden Stufen ergibt sich die Stellung.

Wenn man sich diese Anschauung zu eigen macht und auf alle Lebensvorgänge anwendet, erhält man einen Schlüssel zur Bestimmung auch jener Vorgänge, die sich unserem Wissen weitgehend entziehen: der Krankheiten, der seelischen Regungen, der Willensbildung und der Kreativität.

Mit Hilfe der Sandkunst, der Auswertung des binären Codes unbewußt ausgeführter Striche, erlangen wir eine Beschreibung unseres inneren Zustandes. Dabei werden keine übernatürlichen Zusammenhänge geboten, keine Kommunikation mit jenseitigen Welten, sondern eine uneingeschränkte Betrachtung der eigenen Person.

SO WIRD DAS ORAKEL BEFRAGT

Zuallererst wird die Frage oder das Problem in einer klaren und unzweideutigen Weise formuliert. Es ist auch nützlich, diese Formulierung aufzuschreiben.

Dann zeichnet man mit einem Stab oder mit dem Finger Striche in den Sand. Man kann sie auch mit einem Stift oder Kreide auf ein Brett, auf einen glatten Felsen oder auf Papier zeichnen.

Eine Reihe von Strichen (oder Punkten) soll jeweils zwischen 7 und 21 Einheiten enthalten, jedoch soll man auf keinen Fall beim Ausführen der Striche mitzählen, sondern nur ungefähr diese Menge einhalten.

Es werden 16 Reihen untereinandergeschrieben.

Beim Zeichnen der Striche soll sich der Fragesteller auf seine Frage oder sein Problem konzentrieren, an nichts anderes denken und dabei die Punkte oder Striche soweit wie möglich unbewußt entstehen lassen. Je spielerischer die Hand die Striche setzt, desto sicherer wird das Ergebnis den inneren Zustand widerspiegeln.

Mit dem Zeichnen der 16 Reihen von Strichen ist der erste Vorgang abgeschlossen. Nun beginnt die Auswertung: Jede Reihe wird daraufhin untersucht, ob die Gesamtzahl der Striche ungerade oder gerade (paarig) ist. Reihen mit ungerader Zahl erhalten einen Stern, solche mit gerader Zahl erhalten zwei Sterne. Ohne genau zu zählen, kann man dies ganz einfach feststellen, indem man je zwei und zwei Striche zusammenfaßt und am Ende vermerkt, ob ein Strich oder zwei Striche übrigbleiben.

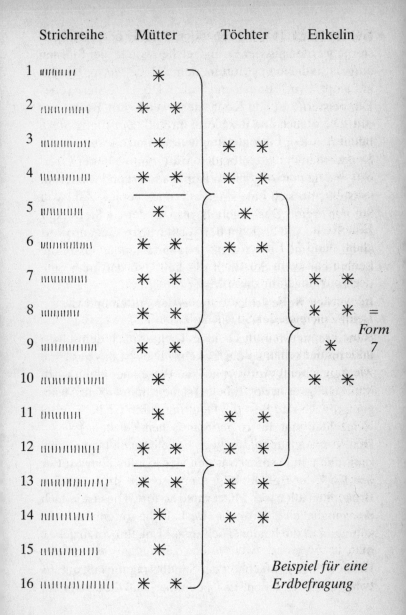

Strichreihe	Mütter		Töchter		Enkelin	
1 ⁞⁞⁞⁞⁞⁞⁞		✳				
2 ⁞⁞⁞⁞⁞⁞⁞⁞⁞⁞	✳	✳				
3 ⁞⁞⁞⁞⁞⁞⁞⁞⁞		✳	✳	✳		
4 ⁞⁞⁞⁞⁞⁞⁞⁞	✳	✳	✳	✳		
5 ⁞⁞⁞⁞⁞⁞⁞		✳		✳		
6 ⁞⁞⁞⁞⁞⁞⁞⁞⁞⁞	✳	✳	✳	✳		
7 ⁞⁞⁞⁞⁞⁞⁞⁞⁞⁞	✳	✳			✳	✳
8 ⁞⁞⁞⁞⁞⁞⁞⁞	✳	✳			✳	✳
9 ⁞⁞⁞⁞⁞⁞⁞⁞⁞⁞⁞	✳	✳			✳	
10 ⁞⁞⁞⁞⁞⁞⁞⁞⁞⁞⁞⁞		✳			✳	✳
11 ⁞⁞⁞⁞⁞⁞⁞⁞		✳	✳	✳		
12 ⁞⁞⁞⁞⁞⁞⁞⁞⁞⁞⁞	✳	✳	✳	✳		
13 ⁞⁞⁞⁞⁞⁞⁞⁞⁞⁞⁞⁞⁞	✳	✳	✳	✳		
14 ⁞⁞⁞⁞⁞⁞⁞⁞⁞⁞		✳	✳	✳		
15 ⁞⁞⁞⁞⁞⁞⁞⁞⁞⁞		✳				
16 ⁞⁞⁞⁞⁞⁞⁞⁞⁞⁞⁞⁞⁞⁞	✳	✳				

= *Form 7*

Beispiel für eine Erdbefragung

21

Die 16 untereinanderstehenden Sterne oder Doppelsterne werden als vier Grundzeichen von je vier Sternen aufgefaßt, die man »Mütter« nennt. Jede Mutter besteht aus Kopf, Brust, Bauch und Füßen. Der erste Stern (oder Doppelstern) ist ihr Kopf, der zweite ihre Brust, der dritte ihr Bauch und der vierte ihr Fuß. Der fünfte Stern bildet den Kopf der zweiten Mutter und so weiter.

Nun werden die ersten beiden Mütter miteinander vereinigt, indem man die beiden Köpfe addiert und wiederum feststellt, ob sich eine ungerade oder gerade Zahl von Sternen ergibt. Das Ergebnis, also wieder ein Stern oder zwei Sterne, gilt als Kopf der Tochterfigur. Genauso vereinigt man die beiden Brustteile miteinander, dann die Bauchteile und schließlich die Füße, so daß man eine vollständige vierteilige Tochter erhält.

In gleicher Weise bildet man aus der dritten und vierten Mutter die zweite Tochter.

Nun vereinigt man die beiden Töchter nach demselben Prinzip und erhält so die Enkelin. Dies ist das gesuchte Zeichen, das als Antwort auf die Frage angesehen wird. Man schlägt es in der Tabelle (siehe Kapitel »Zur Auslegung«) nach und liest die Deutung durch (siehe Kapitel »Einzeldeutung der 16 geomantischen Zeichen«).

Den Vorgang zur Bildung der Enkelin kann man abkürzen, indem man sofort aus den vier Köpfen aller Mütter den Kopf der Enkelin bildet, ebenso ihre Brust aus den Brustteilen aller vier Mütter und so fort. Dies ist jedoch eine mögliche Fehlerquelle, weshalb die stufenweise Ableitung über die beiden Töchter zur Enkelin vorzuziehen ist.

Dic auffällige Einfachheit der Sandbefragung läßt auf ihr hohes Alter schließen. Es ist denkbar, daß dieses System

22

schon in vorgeschichtlicher Zeit entstand. Zusammen mit der Feuer- und Wasserbefragung dürfte es zu den ältesten Orakeltechniken der Menschheit gehören.

Die schrittweise Ableitung der Enkelin über die vier Mütter und zwei Töchter hat noch einen weiteren Vorteil: Sie bringt neben der lapidaren Antwort, die in der Enkelin entstanden ist, noch zwei weitere Ergebnisse, die bei der Deutung in Betracht gezogen werden können. Diese Zwischenstufen werden vor allem dann wichtig, wenn mehrere Bilder bei Müttern und Töchtern sich wiederholen. Man wird dann zusätzlich zur Enkelin auch die Zwischenstufen beachten und kann so das Ergebnis besser aufschlüsseln.

Durch das Miteinbeziehen der Mütter und Töchter in den Deutungsprozeß ergibt sich eine differenziertere Antwort, was immer dann willkommen sein wird, wenn die aus der Enkelin resultierende Zustandsbeschreibung wenig Aufhellung des Problems bringt.

In einigen arabischen »Sandkünsten« findet gerade die erste Mutter besondere Beachtung. Dennoch wird in vielen neueren Büchern oft eine unnötige Komplizierung über weitere Zwischenstufen bis zur Findung der antwortgebenden Sandfigur beschrieben, die oft sogar Fehler einführt. Im Kapitel »Die heutigen Formen« gehe ich näher darauf ein.

ZUR AUSLEGUNG

Um die 16 Sandzeichen in einem umfassenderen Sinne auszuwerten, hat man sie schon in sehr alter Zeit mit anderen bekannten Systemen verbunden: mit den Elementen der Natur, den Himmelsrichtungen, den Körperteilen, mit den Wochentagen und Wandelsternen, mit den Tierkreiszeichen (und damit natürlich auch mit den Monaten) und mit Farben, Zahlen, Buchstaben und dergleichen mehr. Auf diese Weise wurde das geomantische System immer umfangreicher, allerdings auch unübersichtlicher. Es schlichen sich viele Fehler ein, wie jeder bemerkt, der alte Handschriften und Drucke durchliest. Von den zahlreichen Ausgaben, die ich im Laufe der Zeit gesehen habe, stimmen meist nur einige in bezug auf die Kombinationen überein; alle weichen an verschiedenen Punkten voneinander ab. Indem ich hier hauptsächlich jene Merkmale zusammenstelle, die bei fast allen Autoren gleich sind, verringert sich die Aussage notwendigerweise zu einem mageren Gerüst, das nur noch wesentliche Punkte enthält.

Der Vorteil ist allerdings offensichtlich: Wer das System selbst anwenden will, erhält hiermit einen verläßlichen Schlüssel in die Hand. Dieser ist außerdem noch reichhaltig genug, um nützliche Anregungen zum Weiterdenken und Experimentieren zu vermitteln.

In der Tabelle zur Auslegung der Zeichen (S. 26/27) werden die grundsätzlichen Zuordnungen aufgeführt. Sie läßt auch gut erkennen, wie ausgewogen die Verteilung der positiven und negativen Aspekte der Zeichen ist.

1. Bewertung

Die positive und negative Bewertung der Zeichen ist in allen Texten völlig einheitlich. Grundsätzlich läßt sich feststellen, daß die Zeichen abwechselnd positiv und negativ sind: Das erste ist von günstiger Vorbedeutung, das zweite von ungünstiger und so fort, so daß alle Zeichen mit ungerader Nummer positiv, alle mit gerader Nummer negativ sind. Dies gehört seit uralter Zeit zur Vorstellung vom Wert der Zahlen: 1, 3, 5, 7 und 9 sind Glückszahlen, während die dazwischenliegenden geraden Zahlen Unglück bringen.

Diese Regel wird allerdings leicht eingeschränkt, sie trifft nur für die ersten acht Zeichen voll zu, während sie für die zweiten acht etwas abgeschwächt wird. Vor allem die negativen Zeichen an der 10., 12. und 14. Stelle haben auch leicht positive Aspekte. Das hängt nicht nur mit ihrer Stellung zusammen – die 10, die 12 und besonders die 14 sind ja günstige Zahlen –, sondern ganz eng mit ihrem inneren Sinn: Einen »Knaben« zu haben (Zeichen 10) oder »geringeres Glück/Verlust« (12) bedeutet ja nicht völliges Unglück, und besonders der »Weg« (14) weist auf Vorwärtskommen und Verbindungen hin.

Umgekehrt bringt das Zeichen 13, »Volk«, nicht nur eitel Freude, und selbst dem Zeichen 9, »Mädchen«, haben die Araber – entsprechend ihrer Einstellung zur Frau – einige negative Ansichten abgeschaut. Es ist aber doch bemerkenswert und spricht für die Stärke des ganzen Systems, daß die Araber die positive Bedeutung des Zeichens »Mädchen« und die negative des Zeichens »Bube« erhalten haben, obgleich dies ihrem Empfinden entgegengesetzt ist.

	Form	Wert	Name	Planet*	Zodiakus*	Element	Tag	Boden-schatz	Farbe
1	✳ ✳ ✳ ✳ ✳ ✳	+	Einnahme	☉	♌	Feuer	So	Gold	Weiß-gelb
2	✳ ✳ ✳ ✳ ✳ ✳	–	Ausgabe	♌	♑	Erde	Mi	Eisen	Marmo-riert
3	✳ ✳ ✳ ✳ ✳ ✳ ✳	+	Freude	♃	♓	Wasser	Do	Zinn	Weiß
4	✳ ✳ ✳ ✳ ✳ ✳ ✳	–	Traurig-keit	♄	♑	Erde	Sa	Blei	Schwarz
5	✳ ✳ ✳ ✳ ✳	+	Drachen-kopf	♃	♐	Feuer	Do	Zinn	Asch-grau
6	✳ ✳ ✳ ✳ ✳	–	Drachen-schwanz	☋	♓	Wasser	Mi	Eisen	Schwarz
7	✳ ✳ ✳ ✳ ✳ ✳ ✳	+	Weiß	☽	♋	Wasser	Mo	Perle	Weiß
8	✳ ✳ ✳ ✳ ✳ ✳ ✳	–	Rot	♂	♏	Luft	Di	Eisen	Rot

Tabelle zur Auslegung der Zeichen

	Form	Wert	Name	Planet*	Zodiakus*	Element	Tag	Bodenschatz	Farbe
9	✳	+	Mädchen	♀	♎	Luft	Fr	Kupfer	Weiß
10	✳	(−)	Bube	♂	♈	Feuer	Di	Eisen	Rot
11	✳	+	Sieg	♀	♉	Erde	Fr	Smaragd	Grün
12	✳	(−)	Verlust	☉	♌	Feuer	So	Bronze	Gelb
13	✳	(+)	Volk	☿	♍	Erde	Mi	Edelsteine	Himmelblau
14	✳	(−)	Weg	☽	♋	Wasser	Mo	Silber	Weiß
15	✳	+	Treffen	☿	♊	Luft	Mi	Quecksilber	Grau
16	✳	−	Gefängnis	♄	♒	Luft	Sa	Türkis	Blau

* Die Zeichen der Planeten und des Zodiakus (Tierkreiszeichen) sind im Kapitel »Planeten und Tierkreis« erklärt.

Die letzten beiden Zeichen, 15 und 16, sind dann wieder eindeutig positiv und negativ, so daß sich insgesamt ein *fast* ausgewogenes Feld ergibt. Die einzige Ungleichheit bringt das Zeichen 11, »größeres Glück/Sieg«, das voll und ganz positiv ist und damit dem zweiten Teil der 16 Zeichen ein leicht positiv überladenes Gewicht gibt. Vielleicht hat das geomantische System gerade aus diesem Grunde die Jahrtausende überlebt.

Das hohe Alter der geomantischen Zeichen läßt sich an der Bewertung selbst schon ablesen. Männlich erscheinende Bilder wie zum Beispiel der »Drachenschwanz« (6), der mit dem Penis assoziiert wird, oder das »feurige« Rot (8) und der »Knabe« (10) haben negativen Wert, wogegen die weiblichen Zeichen wie der »Drachenkopf« (5), der mit der Vulva assoziiert wird, ferner das »jungfräuliche« Weiß (7) und das »Mädchen« (9) positiv bewertet werden.

Diese eindeutige Ausrichtung für das weibliche Element weist in vorgeschichtliche Zeit, denn wir dürfen für die älteren innerasiatischen Bauernkulturen ein matriarchalisches System annehmen. Und dort ist auch die Entstehung der Sandkunst zu suchen. Diese muß längst eine vollständige Entwicklung durchlaufen und ihren Abschluß gefunden haben, bevor sie durch die patriarchalischen Kulturen der Chinesen, Inder, Iraner und Araber zu uns weitergeleitet wurde. Die Erhaltung der ursprünglichen Bewertung der Zeichen spricht somit für eine innere Notwendigkeit, die der Punktierkunst erst ihre Berechtigung gibt.

2. Planeten und Tierkreis

Da Geomantik und Astrologie oft von ein und derselben Person ausgeübt werden, ist es fast selbstverständlich, daß die Planeten – genauer gesagt die sieben Wandelsterne der Alten – und die Tierkreiszeichen (Zodiakus) mit den Sandbildern koordiniert sind. Diese Verbindung muß schon sehr alt sein, ohne sie läßt sich die Deutung der Sandzeichen heute nicht mehr denken. (Bei der Wiedereinführung des geomantischen Systems im Europa der Renaissance sprach man sogar von der Geomantik als »irdischer Astrologie«.)

Offensichtlich ist das Sandorakel weit älter als die Astrologie, und letztere hat sich auch lange in eigener Richtung entwickelt, bevor beide miteinander verbunden wurden. War es schon schwierig gewesen, das auf sieben Elementen beruhende System der Wandelsterne mit dem (späteren, dem babylonischen) Zwölfersystem der Tierkreiszeichen zu vereinen, so ergab sich noch einmal ein Problem, diese beiden mit dem Sechzehnersystem der Sandzeichen zu kombinieren.

Die alte Reihenfolge der Wandelsterne sah so aus: Sonne – Merkur – Venus – Mars – Jupiter – Saturn – Mond; das heißt, die Planeten standen in ihrer natürlichen Folge, von der Sonne aus gesehen, und am Ende stand der Mond. Um sie nun mit dem Zodiak zu verbinden, lief man nach dem letzten Planeten, dem Saturn, die Reihe der Planeten wieder zurück bis zum Merkur und fügte dann den Mond am Schluß wieder an. Damit kam jeder der fünf Planeten doppelt vor, und Sonne und Mond standen wie bisher an den beiden Enden der Reihe.

Die Verbindung der beiden Systeme wurde vermutlich schon im »Löwenzeitalter« geschaffen, das heißt in jener Zeit, als die Frühlingsäquinoktie ins Sternbild Löwe fiel,[5] denn das System beginnt mit Löwe.

⊙	☿	♀	♂	♃	♄
Sonne	Merkur	Venus	Mars	Jupiter	Saturn
Löwe	Jungfrau	Waage	Skorpion	Schütze	Stein-bock
♌	♍	♎	♏	♐	♑
♄	♃	♂	♀	☿	☽
Saturn	Jupiter	Mars	Venus	Merkur	Mond
Wasser-mann	Fische	Widder	Stier	Zwil-linge	Krebs
♒	♓	♈	♉	♊	♋

Die Zeichen der Planeten und des Zodiakus

Um nun dieses gemeinsame System von Planeten und Tierkreiszeichen mit den 16 Zeichen der Sandkunst zu vereinen, lag es nahe, die beiden Zeichen Sonne und Mond ein zweites Mal zu verwenden, so daß nun alle sieben Wandelsterne doppelt auftreten. Die beiden noch freien Sandzeichen (Zeichen 2 und 6) wurden einem »Kometen« oder generell »den Kometen« zugeteilt, womit man der Tatsache gerecht wurde, daß die Hälfte der 16

Zeichen negative Bewertung hat. Es sind nämlich drei der fünf alten Planeten von positivem Wert (Jupiter, Venus und Merkur), und nur zwei negative (Saturn und Mars), während Sonne und Mond halb positive, halb negative Aspekte haben. Da somit die positiven Aspekte der astrologischen Aufstellung überwogen, ergab es sich als sinnvoll, die beiden noch freien Häuser den »Kometen« mit ihrem fatalen Einfluß zuzuordnen.

Im geomantischen System wurden die »Kometen« mit ihrem sich fächerförmig verbreiternden Schwanz den ihnen ähnlichen Tierkreiszeichen Fische und Ziegenfisch (= Steinbock) zugeordnet.

3. »Elemente«

Sehr ursprünglich ist auch die Zuordnung der »Elemente« der Alten, nämlich jener vier Grundstoffe Feuer, Erde, Luft und Wasser, zum geomantischen Schema. In allen arabischen Texten über Sandkunst, Magie, Astrologie und Medizin werden diese vier Charaktere verwendet. Allerdings ist bei den arabischen Autoren die Reihenfolge etwas anders, als wir sie von den Griechen oder aus der Astrologie kennen. In den Sandkunstbüchern lautet sie stets Feuer, Luft, Wasser, Erde. Dies dürfte auf innerasiatischen Ursprung zurückgehen. In alten tibetischen Texten gibt es mindestens drei verschiedene Reihenfolgen, je nachdem, ob es sich um einen gehobenen buddhistischen Text, einen volkstümlichen Bon-Glauben oder einen uralten kosmogonischen Text handelt. Nur in den letzten, den Weltentstehungsmythen der Tibeter, stimmt die Reihenfolge der Elemente mit denen der arabischen Geomantik überein. Vermutlich haben sie beide ein zentralasiatisches Vorbild.

Zu jedem der vier Elemente gehören je zwei positive und zwei negative Sandzeichen – einheitlich bei allen Autoren. Es ist denkbar, daß die Geomantik und das Weltbild der vier Elemente vor demselben geistigen Hintergrund entstanden.

Die große Bedeutung der Elemente für die Sandzeichen wird bei der Beurteilung der Krankheiten und der anzuwendenden Heilmethoden spürbar.

Zu bedenken gilt noch, daß die frühen Völker den Elementen mystische Eigenschaften beimaßen – ein Gewicht, das ihnen aus unserer heutigen Sicht wohl nicht mehr in dem Maße zukommt.

4. Bodenschätze

Bei den Bodenschätzen handelt es sich hauptsächlich um Metalle und Edelsteine. Die Zuordnung der wichtigen Metalle Gold, Silber, Kupfer, Zinn, Eisen, Blei und Quecksilber liegt in den arabischen Texten einheitlich vor, sie entspricht fast ganz dem astrologischen Weltbild. Die Zodiakus-Zeichen und die Planeten haben ja seit alters – besonders in der arabischen Alchemie – ihre Abbilder in den Bodenschätzen der Erde.

Hinsichtlich der Edelsteine variieren die Texte allerdings sehr stark, so daß ich nur die wenigen Angaben, die übereinstimmen, übernommen habe. Die großen Abweichungen hängen oft mit Übersetzungsschwierigkeiten zusammen, da beim Übertragen der Texte vom Griechischen (zum Beispiel bei Dioskurides) ins Arabische und von dort ins Lateinische keine einheitlichen Termini für Edelsteine vorlagen. Einige arabische Manuskripte enthalten Bezeichnungen für Steine, die in keinem Wörterbuch vorkommen, da sie nur regional benutzt werden.

Auch für die Metalle und Edelsteine gilt, daß sie eine wichtige Rolle in der Heilkunst spielen. Darum tauchen in den Listen auch andere Stoffe auf, beispielsweise Bernstein und Schwefel.

5. Farben

Großenteils einheitlich überliefert sind die zugehörigen Farben, und das wohl seit vorarabischer Zeit. Der ursprüngliche mystische Sinn der Farben, wie er noch bei den Buddhisten, besonders in Tibet, erhalten blieb, war aber den Arabern nicht mehr bewußt. Sie verbinden meist nur Gemütsbewegungen mit den Farben, zum Beispiel Freude mit Grün (für Wüstenbewohner verständlich) oder Zorn mit Rot.

Die geomantischen Zuordnungen der Farben passen gut zu den Metallen, Planeten und Edelsteinen: Eisen und Mars sind rot, Jupiter und Zinn sind aschgrau und so fort.

Im Zusammenhang mit den klassischen vier Elementen sind die Farben ebenfalls recht sinnvoll: Zum Feuer gehören Rot, Weißgelb, Gelb und Aschgrau; zur Luft Rot, Weiß, Grau und Blau; zum Wasser Weiß (dreimal) und Schwarz; und zur Erde Grün, Marmoriert, Schwarz und Hellblau.

Es gibt allerdings auch zwei Zeichen, die selbst nach Farben heißen: Nr. 7, »Weiß«, und Nr. 8, »Rot«. Sie haben auch in lateinischen und arabischen Texten keine anderen Namen. Aus ihrer Bewertung – Weiß ist positiv und Rot negativ – läßt sich folgern, daß das geomantische System nicht über China zu den Arabern kam, sondern direkt über Turan und Iran, denn bei den Chinesen ist Weiß die Farbe der Trauer und Rot die Farbe des Lebens, also entgegengesetzt unserem geomantischen Wert. Da diese beiden Zeichen weder Gegenstände noch Gemütszustände bezeichnen, liegt die Vermutung nahe, daß sie ursprünglich andere Namen hatten.

6. Wochentage

Die Zuordnung der Wochentage zu den Wandelsternen liegt seit alters fest – und damit natürlich auch ihre Zugehörigkeit zu den geomantischen Zeichen. Mit dem Sonntag beginnt die Woche – in vielen Sprachen heißt dieser Tag einfach »der Erste«, und die Zählung geht fortlaufend durch die ganze Woche bis zum »Siebten«, dem Sabbat. Auch unser System beginnt mit der Sonne und dem Sonntag.

Die Verbindung zwischen den Wochentagen und den Planeten können wir fast noch an ihren Namen ablesen: Zum Montag gehört der Mond; der dem Kriegsgott Tiu (Tyr) geweihte Dienstag ist den romanischen Völkern als Tag des Mars (frz. *mardi)* bekannt. Zum Mittwoch, der als asymmetrischer vierter Tag der Woche sowohl positive als auch negative Aspekte hatte, gehört einerseits der positive Planet Merkur (frz. *mercredi*) und andererseits der Komet mit seinem negativen Einfluß. Donnerstag ist der Tag des Donnergottes Donar, des Jupiter der römischen Mythologie. Freitag ist der Göttin Freyja geweiht, die der Venus entspricht. Und schließlich der Samstag, dessen englischer Name *Saturday* noch deutlich an Saturn erinnert.

Die Reihenfolge der Wochentage – genau wie die der Planeten und der Tierkreiszeichen – ist nicht dieselbe, die wir in der Abfolge der 16 Sandzeichen haben. Dies liegt daran, daß hier kein schematisches Gleichsetzen zweier verschiedener Systeme stattgefunden hat, sondern eine wohldurchdachte, vielleicht auf Erfahrung gegründete Zuordnung paralleler Aspekte.

7. Tageszeiten

Uneinheitlich sind auch die Bestimmungen der Tageszeiten in Zusammenhang mit den Sandzeichen. Das liegt wohl an der unterschiedlichen Bewertung, die die Völker hinsichtlich der grundsätzlichen Aspekte der Tageszeiten gesetzt haben. Wir sagen: »Häßlich wie die Nacht«, aber dem Araber gilt die Nacht als Sinnbild einer wunderschönen Frau.

Wegen dieser Unstimmigkeiten habe ich die Tageszeiten in der Tabelle zur Auslegung der Zeichen (S. 26/27) nicht aufgeführt, bespreche sie jedoch bei einigen Zeichen, wo mir dies sinnvoll erscheint. Da die Venus mal als Morgen-, mal als Abendstern auftritt, ist eine Festlegung durchaus nötig, sie ist auch sinnvoll: Zum neunten Zeichen, »Mädchen«, gehört der reine frühe Morgen, während das elfte Zeichen, »Sieg«, mit dem Abend verbunden ist, an dem sich erst Sieg und Erfolg einstellen.

Der negative Aspekt der Sonne zeigt sich am Mittag, wenn sie – vor allem in südlichen Ländern – mit ihrer Kraft das Land versengt (zum zwölften Zeichen, »Verlust«), ihr positiver Wert wird dem Nachmittag zugesprochen (dem ersten Zeichen zugeteilt, »Einnahme«).

Die schlimmen Zeichen »Traurigkeit« (4) und »Gefängnis« (16) gehören zur Nacht, und besonders »Ausgabe« (2) und »Drachenschwanz« (6) zur Mitternacht.

8. Berufe

Die arabischen Sandkunstbücher sind praktische Nachschlagewerke, die viele Einzelheiten des Alltags besprechen, natürlich auch die Berufsaussichten.

Einerseits geben sie an, welche Berufe von dem jeweiligen Sandzeichen begünstigt werden, und zum anderen zeigen sie Erfolg oder Schwäche an, wobei die Tendenz zur Moralisierung besonders deutlich wird.

Typisch für die orientalische Welt ist die Überbetonung der Händler, die fast bei jedem Zeichen in der einen oder anderen Form genannt werden – als Ladenbesitzer oder Großhändler, als Vermittler oder Karawanenführer. Dies war nicht ohne weiteres in unsere moderne Welt zu übertragen. Im Gegensatz zu den Kaufleuten werden die Handwerksberufe und all jene, die in großindustrieller Weise Fertigprodukte herstellen, vernachlässigt und verachtet. Das hängt sicher mit der Sehweise des freien Beduinen zusammen, der solche Arbeiten von Sklaven verrichten ließ.

Stärker als in anderen Bereichen hat sich hier unsere Vorstellung gegenüber der der Antike und der frühen Moslems geändert.

Auffälligerweise wird der Beruf des Bauern nicht erwähnt, woraus man schließen kann, daß dies der »allgemeine« Beruf zur Zeit der Entstehung der Geomantik gewesen sein wird. Landwirtschaft ist kein spezialisiertes Beschäftigungsfeld, sondern die Grundlage des Lebens für alle Menschen. Hier sind die innerasiatischen Ursprünge der Sandkunst recht deutlich erkennbar.

Heute würden wir den Umgang mit Geld als die Basis aller Berufe ansehen, in der Geomantik ist nur das erste Zeichen damit verbunden, woraus ich schließe, daß die Einführung standardisierter Zahlungsmittel damals gerade erst begonnen hatte.

Die Übertragung dieser Angaben in unsere Zeit konnte mithin nur andeutungsweise geschehen, Begriffe wie Arbeitslosigkeit oder Streik wird man daher vergeblich suchen.

37

9. Körperteile

Da der Mensch als Maß aller Dinge gilt und vor allem der
Körper des Menschen als Abbild des Kosmos betrachtet
werden kann, sind auch die 16 Sandzeichen schon früh
den einzelnen Körperteilen zugeordnet worden.

Diese Zuordnung ist nicht einheitlich erfolgt, es gibt verschiedene Schulen und Auslegungen. Einige Zeichen eig-
nen sich zu Vergleichen mit den Körperteilen, und andere haben keine erkennbare Beziehung.

Die ersten beiden Formen heißen »die Hand, die nimmt«
und »die Hand, die gibt« und sind schon dadurch nach alter Sitte der linken und der rechten Hand zugeordnet.
Die Verbindung des positiven ersten Zeichens mit der
linken Hand ist sicher viel älter als die Überlieferung der
Sandkunst durch die Araber, bei denen die linke Körper-
hälfte als unrein, negativ gilt.

Das dritte Zeichen heißt arabisch *el Laḥyan,* was den
Bart oder das Kinn bezeichnet; es gehört zum Kopf.

Das vierte Zeichen, arabisch *el Ankis,* das heißt »der Umgekehrte«, »der kopfabwärts Gerichtete«, kann man mit
etwas Einfühlungsvermögen auf das Geschlechtsteil beziehen, besonders wenn man es psychologisch auffaßt:
Entgegengesetzt dem Vernunftdenken, das vom Kopf regiert wird, gibt es im Körper ein triebhaftes Verhalten,
das vom Zeugungsorgan regiert wird.

Die fünfte und sechste Form heißen arabisch »innere«
und »äußere Türschwelle« und beziehen sich natürlich
auf die Füße, die Grundfesten des Körpers.

Dem Bauch ist die siebte Form, »das Weiß«, und dem
Hals die achte, »das Rot«, zugedacht, was uns vielleicht

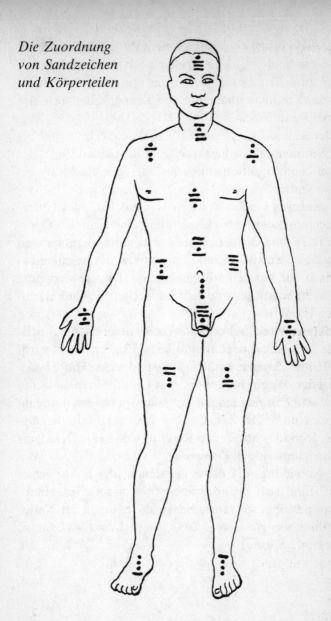

Die Zuordnung
von Sandzeichen
und Körperteilen

etwas willkürlich vorkommen mag. Möglicherweise waren diese beiden Zeichen früher noch durch andere Begriffe zusätzlich bezeichnet, nicht nur durch Farben, so daß der Zusammenhang mit den Körperteilen auch hier sinnvoll war.

Mädchen und Bube (9 und 10) sind der rechten und linken Schulter zugeordnet, etwa wie die beiden Engel der islamischen Tradition (die allerdings geschlechtslos gedacht sind).

Die nächsten beiden Zeichen (11 und 12), »der eintretende« und »der fortziehende Sieg«, hat man den Oberschenkeln zugeordnet, wobei wiederum dem rechten Bein das positive Zeichen, dem linken das negative zukommt, wie bei den vorigen beiden. Die Bevorzugung der rechten Körperseite läßt arabischen Einfluß erkennen.

Die letzten vier Zeichen bilden keine deutlichen Begriffspaare, weshalb ihre Reihenfolge häufig vertauscht wird. Nr. 13 und 15 werden auf die linke und rechte Hüfte bezogen. Der »Weg« (14) gehört zum Unterleib, man dachte dabei wohl an den langen Weg der Speiseverdauung im Darm. Und Nr. 16, das »Gefängnis«, bezieht sich auf den Brustkorb, der mit seinen Rippen bildlich als Gefängnis des Herzens aufgefaßt wurde.

Die Abbildung, die diese Aufteilung der Sandzeichen zeigt, fand sich in einer anonymen arabischen Handschrift aus dem 18. Jahrhundert, die heute in der Nationalbibliothek Paris, No. 2631, liegt (Punkt = 1 Stern, Strich = 2 Sterne).

10. Krankheiten und Heilmethoden

In engem Zusammenhang mit der Körperaufteilung steht natürlich die medizinische Auslegung der Sandzeichen. Wenn zum Beispiel bei einer Befragung das achte Zeichen herauskommt, das »Rot«, das zum Hals gehört, dann wird angenommen, daß die Krankheit, deretwegen die Befragung durchgeführt wurde, etwas mit dem Hals zu tun hat, sei es direkt oder indirekt, das heißt, die Schilddrüse und den entsprechenden Hormonhaushalt betreffend.

Sowohl in den arabischen Schriften als auch in denen der Renaissance-Ärzte spielt die Beziehung der Geomantik zur Medizin eine hervorragende Rolle. Nachdem ich mich eine längere Zeit mit diesen Vorstellungen beschäftigt hatte, mußte ich erkennen, daß sie unseren heutigen medizinischen Ansichten völlig fremd sind.

Mehrere Autoren schlagen Therapien vor, die wir heute als alternative Heilkunst oder Naturheilverfahren bezeichnen würden. Die Praktiken reichen von *Istichará* (Traumheilung) bis zu Besprechung, Gebet und *Dhikr* (rhythmisches Atmen unter Aufsagen von Versen). Im Prinzip handelt es sich um sehr alte, aber dennoch sinnvolle Methoden, die heute nur noch von wenigen angewandt werden.

Zum Zwecke der *Istichará* soll man sich stets zu einem Heiligtum begeben. Nach dem Entrichten der Opfergabe legt man sich neben dem Heiligengrab oder der Quelle zum Schlaf nieder. Der Traum, der sich in der Nacht einstellt, wird am Morgen vom Therapeuten gedeutet. Meist enthält der Traum Hinweise auf die geeignete Heilmethode oder ist selbst schon ein Heilungsvorgang, die weitere Verwendung von Medikamenten erübrigt sich. Offensichtlich handelt es sich um eine psychische Art der Heilung, die das Grundübel beseitigt, so daß die körperliche Gesundung von selbst erfolgen kann.

Diese alte Heilmethode wurde schon von den Ägyptern zu höchster Form entwickelt; die Tempel am Nil hatten Hunderte von Schlafräumen und eine Schar von angestellten Therapeuten. Auch Griechen und Römer (bei letzteren hieß sie *incubatio)* führten die Traumheilung durch.

Der Ort, an dem der Heilschlaf erfolgen muß, ist ein ganz genau ausgewählter »heiliger« Ort, der aufgrund seines Erdmagnetismus oder seiner Strahlung den gesuchten Erfolg bringen soll.

Andere Heilungsvorschläge der arabischen Sandkunstbücher sind die Besprechung und das Gebet. Sie werden von gläubigen Moslems bei fast allen Krankheitsfällen angewandt. Oft bittet man dazu einen Mann oder eine Frau aus einer Familie, bei der sich die Gabe der Heilbesprechung vererbt hat. Ersatzweise kann man auch Salz holen, das von solchen Leuten besprochen wurde. Es kommt vor allem bei Krankheiten, die das Nervensystem befallen, wie Tollwut, Hirnhautentzündung oder Vergiftungen, zur Anwendung.

Bei uns heute wieder vergessen ist eine andere Heilmethode, die sowohl von primitiven Völkern als auch in der Antike und von den hochzivilisierten Arabern verwendet wurde: die Kauterisation. Man brennt an gewissen Körperstellen kleine kreisförmige Wunden in die Haut, die dann die Abwehrkräfte des Körpers in entsprechender Weise mobilisieren, so daß er seine Krankheit überwinden kann. Die Kauterisation wird hier vor allem bei Gelbsucht und anderen Krankheiten der Leber und der Gallenwege angewandt, auch bei Infektionskrankheiten.

Natürlich werden auch medikamentöse Heilbehandlungen vorgeschlagen, die arabische Pharmakologie ist ja eine der reichsten der Welt. Erstaunlich sind aber auch hier einige drastische Maßnahmen, die wohl seit uralter Zeit durchgeführt werden und nur wegen ihrer greifbaren Erfolge immer wieder Anwendung finden, zum Beispiel das Trinken des eigenen Urins, das an drei aufeinanderfolgenden Morgen geschehen muß.

Andererseits gibt es hier Heilmethoden, die äußerst zart anmuten, aber dennoch ihre Wirkung nicht verfehlen. Es handelt sich um Gerüche, die ganz spezifisch bei verschiedenen Krankheiten eingesetzt werden. Neben wohlriechenden Pflanzen wendet man auch tierische Duftstoffe, Weihrauch und ähnliches an. Aus diesem Grunde erwähnen viele Sandkunstautoren auch die Geschmacksrichtungen und Gefühle bei den einzelnen Zeichen. Leider läßt sich aus den zahlreichen Texten kein einheitliches Bild gewinnen.

Ein großer Teil der medizinischen Angaben in den Sandtafeltexten bezieht sich auf magische Praktiken und ist für uns heute nicht mehr nachvollziehbar. Dies ist jedoch kein Anlaß, derartige Vorstellungen lächerlich zu machen, da auch sie auf uralten Erfahrungen beruhen und nur eines Schlüssels bedürfen, der uns den Zugang zu dieser fremdartigen Welt verschafft. Außerdem scheint mir, daß die magischen Aspekte erst später zur Sandkunst hinzugefügt wurden und deshalb durchaus in dieser Aufstellung fehlen dürfen.

11. Psychologische Auswertung

Der Geomantiker, der seinen Kunden die Sandtafeln aufstellt, ist vor allem daran interessiert zu erfahren, was für einen Menschen er vor sich hat. Darum wertet er das ermittelte Zeichen auch in Hinsicht auf den Charakter des Fragestellers aus – meist, ohne ihm das Ergebnis mitzuteilen.

Die 16 Zeichen beschreiben genau erkennbare Menschentypen, ganz ähnlich, wie es die Tierkreiszeichen tun. In diesem Punkt ist die Verwandtschaft zwischen Astrologie und Geomantik am stärksten.

Natürlich kann man einen Menschen nicht einfach zum »Typ« abstempeln, sein Charakter wird immer durch eine Vielzahl von zusammentretenden Eigenschaften gebildet, die sich in kein Schema pressen lassen. Dennoch kann man wohl sagen, daß zu einem gegebenen Zeitpunkt und unter einem speziellen Blickwinkel – nämlich dem des Fragestellers – die einen oder anderen Merkmale in einer Person stärker hervortreten und so einem »Typ« angenähert sind, der sich in einem Sandzeichen ausdrücken läßt.

Dabei sind die 16 Sandzeichen durchaus etwas differenzierter in ihrer Aussage als die 12 Tierkreiszeichen, ganz einfach, weil wir in der Geomantik ein Drittel mehr Möglichkeiten haben: Vier der Zodiakus-Zeichen, nämlich Krebs, Löwe, Steinbock und Fische, werden je zweimal mit einem Sandzeichen verbunden, so daß eine Aufspaltung dieser vier Charaktere und damit eine Verfeinerung der Beschreibung erreicht wird.

Des weiteren zieht man in der Geomantik – wie am

Schluß des vorigen Kapitels erklärt – die zur »Enkelin« hinführenden, vorher gebildeten Zeichen der beiden »Töchter« und sogar der vier »Mütter« zur Auswertung zu Rate, um das ungenaue Bild besser abzugrenzen und Hinweise auf die Zusammensetzung des Charakters der jeweiligen Person (oder Situation) zu erhalten.

Die Kunden der Geomantiker erhoffen sich auf diese Weise häufig auch Aussagen über bestimmte Personen ihrer Umgebung; sei es, indem sie sich nach der Verlobten erkundigen, die der junge Orientale kaum vor der Heirat zu Gesicht bekommt und darum nicht kennt, oder indem jemand nach dem Wesen eines neuen Geschäftspartners fragt, ja sogar nach einem verborgenen Feind, der auf diese Weise beschrieben und entdeckt werden soll.

Neben der psychologischen Charakterisierung der Person wird in den arabischen Texten auch eine Beschreibung der Körpergestalt gegeben. Nun kann man sich zwar denken, daß einem bestimmten Charakter auch eine spezifische Körperform zugehören kann, aber dies ist doch höchst selten in der Realität so anzutreffen, daß es als systematische Entsprechung direkt ablesbar wäre. Wenn schon die Schematisierung der Seelenverfassung problematisch war, so ist es die Zuordnung der Körpertypen noch viel mehr.

Die arabischen Texte zielen dabei ganz und gar auf den Zeitgeschmack ab, und da die orientalischen Idealvorstellungen von Schönheit von den unsrigen beträchtlich abweichen, fand ich es besser, diesen Punkt zu übergehen. Nur als Beispiel bringe ich zwei Beschreibungen nach dem Text von Tuchy, die zu Zeichen 11, »Sieg«, und 12, »Verlust«, gehören. Daraus wird ersichtlich, daß sie sehr allgemein gehalten sind und sich schwerlich mehr aus ihnen ablesen läßt als ein vorherrschender positiver oder negativer Eindruck, der ja im Zeichen selbst schon enthalten ist.

So also sieht die Person des Zeichens 11 aus:

> »Er hat einen großen Kopf und ein großes Gesicht [dies gilt den Arabern als Inbegriff der Schönheit], hat schwarze Augen und weitgeschwungene Augenbrauen; seine Haut ist weiß, die Hüften ganz schmal, und die Beine sind schlank, die Füße sehr klein. Er lacht viel und ist allgemein beliebt.«

Und die Person zum Zeichen 12 sieht so aus:

> »Sein Kopf und Gesicht sind klein, er hat wenig Haare, die Hautfarbe ist gelb, und er hat Schweiß im Gesicht. Hüften und Füße sind breit. Immer ist er neidisch und mißgünstig.«

Man denke sich dies fortgesetzt bis in die kleinsten Einzelheiten und bei fast allen Zeichen mit geringen Abweichungen wiederholt, so erhält man am Ende Karikaturen, die hauptsächlich den augenblicklichen Zeitgeschmack im Lande des Autors wiedergeben...

12. Liebe

Das Thema Liebe nimmt in allen Sandkunstbüchern einen breiten Raum ein. Nicht nur bei den Arabern, sondern auch in den Texten des 16. Jahrhunderts ist sie eng mit magischen Praktiken verbunden.

Liebeskummer und Ehestreit gehören sicher zu den häufigsten Anlässen, aus denen jemand das Sandorakel befragen wird. Die zahlreichen Ratschläge in den Schriften sind oft auf ganz spezifische Situationen bezogen; dies ließ sich natürlich nicht in unsere so ganz andersgeartete Welt des 20. Jahrhunderts übersetzen. Auffälligerweise machen die Texte keinen Unterschied zwischen Liebe und Sexualität. Im übrigen ist gerade dieser Bereich frei von moralisierenden Ratschlägen, was den – durchaus falschen – Eindruck entstehen läßt, jene Gesellschaft wäre großzügiger gewesen als unsere heutige.

Dennoch ist eine noch ältere Vorstellung, die vermutlich zum matriarchalischen Gedankengut gehört, sowohl durch die antiken als auch die arabischen Texte weitervermittelt worden, ohne daß sie ernstlich in Frage gestellt wurde: die Verurteilung der männlichen Sexualität als negative Auswirkung der menschlichen Triebkräfte. In den beiden ungünstigen Zeichen »Drachenschwanz« und »Bube« ist dies deutlich ausgedrückt.

Weibliche Sexualität dagegen wird durch positive Zeichen versinnbildlicht: »Drachenkopf« (5) und »Mädchen« (9) gehören zu den Glückszeichen. Diese Anschauungen sind weder den Griechen noch den Arabern zuzuschreiben, sie widersprechen viel zu stark ihren Vorstellungen von Liebe und Erotik.

13. Zahlen und Buchstaben

Auf die Erwähnung der besonderen Glückszahlen und Buchstaben, die zu jedem Sandzeichen gerechnet werden, habe ich absichtlich verzichtet, da eine Übertragung dieser mystischen Systeme in unsere nüchterne Zahlen- und Buchstabenwelt keinen Sinn ergeben würde. Außerdem sind diese Kombinationen im höchsten Grade uneinheitlich – praktisch schlägt jeder Autor andere Zahlen und Buchstaben vor.

Meist werden sie für ganz naheliegende Zwecke verwendet: für Glücksspiele oder Kalendertage, für Liebeszauber (Herstellung von Talismanen) oder Schatzsuche. In älteren Handschriften wimmelt es geradezu von derartigen Angaben. Und selbst ein modernerer Schriftsteller wie Tuchy, der eine Zusammenfassung verschiedener angesehener alter Texte bringt, muß hinsichtlich der Zahlen- und Buchstabenzugehörigkeit der Zeichen jeden Autor, auf den er sich bezieht, gesondert aufführen. Eine Vereinheitlichung ist ihm nicht gelungen.

So bleibt also in bezug auf die Auswertung spezieller Ansichten der Sandzeichen noch viel offen.

14. Reihenfolge

Die Gesamtzahl der 16 Zeichen sowie ihre Tetraform,
also die vier Zeilen aus Punkt und Strich – oder aus einem
Stern und zwei Sternen –, ist natürlich immer dieselbe, sie
kann sich nicht verändern. Auch die Namen der Bilder
sind in den allermeisten Fällen einheitlich, sie gehören
praktisch zur Gestalt des Zeichens, das in mehreren Fällen schon optisch einen Zusammenhang mit seinem Namen aufweist, was im Kapitel »Mystische Deutung« behandelt wird.

Allerdings drücken der lateinische und der arabische
Name eines Zeichens nicht immer dasselbe aus. Der Unterschied ist nicht wesentlich, sondern bringt nur zwei naheliegende Ansichten desselben Inhalts, und darum habe
ich im Kapitel »Einzeldeutung der 16 geomantischen Zeichen« stets beide Namen erwähnt und auch noch die häufigen Varianten aufgeführt, denn durch diese Abweichungen wird der Sinn besser aufgeschlüsselt und ein größeres Verständnis des Zeichens gewonnen.

Die Reihenfolge der Sandzeichen variiert jedoch praktisch von einem Buch zum anderen. Das hat zunächst keinen Einfluß auf die Auslegung, denn jedes Zeichen steht
ja für sich. Es ist allerdings leicht erkennbar, daß jedem
Sandzeichen ein zweites wie ein Spiegelbild entspricht, in
äußerlicher Form wie auch im Inhalt; meist gibt es das genaue Gegenteil eines anderen wieder. Dieser paarweise
Zusammenhang der Zeichen sollte in jedem Falle erhalten bleiben, ganz gleich, wie die Reihenfolge sonst aus-
sieht. Auch müßte hier eigentlich die Abwechslung posi-
tiv/negativ immer dieselbe sein. Dennoch ist in allen ara-

bischen Texten und den allermeisten europäischen diese einfache Regel nicht eingehalten worden, so daß zum Beispiel der »Drachenkopf« vom »Drachenschwanz« um mehrere Zeichen getrennt aufgeführt wird.[6]

Häufig kommt es in diesen Büchern vor, daß mit dem »Weg« (14) begonnen wird, weil es das einfachste aller Zeichen ist, und mit der »Einnahme« (unserem ersten Zeichen) der Abschluß geschieht, weil dieses Bild so schwer zu verstehen ist.

Dennoch gibt es eine Reihenfolge, die uralt ist und höchst sinnvoll. Lange bevor ich mich mit der Sandkunst zu beschäftigen begann, sah ich auf einem arabischen Druck aus Ägypten die 16 Zeichen in einem Quadrat angeordnet. Mehr ahnend als wissend, daß ich hier einen wichtigen Schlüssel für die Selbsterfahrung des Menschen vor mir hatte, fertigte ich eine Zeichnung nach dem Blatt an. Wie ich später feststellte, dürfte diese Anordnung auf die ältesten arabischen Texte, vermutlich auf direkte Übersetzungen aus griechischen oder persischen Quellen, zurückgehen.

Wer mit dem symbolischen Wert der Zahlen in der frühgeschichtlichen Esoterik vertraut ist, wird feststellen können, daß die ursprüngliche Abfolge der Zeichen nur diese gewesen sein kann, denn sie stimmt mit dem Aussagewert bis ins feinste überein.

Eine Auswertung alchemistischer und magischer Bücher der Renaissance durch C. G. Jung und Marie-Louise von Franz läßt ebenfalls erkennen, daß die hier dargestellte Reihenfolge sinnvoll ist (mehr darüber im Kapitel »Psychoanalyse«).

50

15. Mystische Deutung

Da die Sandzeichen achsensymmetrisch sind, spielt es keine Rolle, ob man sie von links oder rechts betrachtet, wohl aber ist das Oben und Unten von Wichtigkeit. Darum wird jedes Zeichen in vier Teile aufgegliedert, die keineswegs austauschbar sind, sondern in enger Beziehung zum Sinn des Zeichens stehen. Die vier Teile nennt man Kopf, Brust (oder Herz), Bauch (oder Leib) und Füße. Indem man über die Wertigkeit dieser Teile nachdenkt, vertieft sich die Aussage des Zeichens und nimmt mystischen Charakter an.

In diesem Sinne wird dem Kopf, der obersten Zeile, der Geist gleichgesetzt und dem Herzen, als nächsttiefere Zeile, das Gefühl. Den dritten Teil, den Bauch, setzt man dem Trieb des Menschen gleich; und die unterste Zeile, die Füße, bedeutet Materie, Vergängliches.

Auf diese Weise gewinnt man eine verinnerlichte Deutung der einzelnen Zeichen. Entsprechend der klassischen Aufteilung in die vier Elemente, aus denen die »Welt« besteht, haben wir die folgenden Zuordnungen:

Kopf	——	Geist	——	Feuer
Herz	——	Gefühl	——	Luft
Bauch	——	Trieb	——	Wasser
Füße	——	Materie	——	Erde

Die inneren Zusammenhänge dieser Gleichsetzung sind einleuchtend: Der Geist lebt von feuriger Energie; das

Gefühl, das nach allgemeiner Vorstellung im Brustkorb sitzt, meist im Herzen lokalisiert, wird, mit der Luft verbunden, zur Lunge und damit zur Brust gehörend; die Triebe, die man sich zum Bauch und Unterleib denkt, vergleicht man dem Wasser oder allgemein den Flüssigkeiten; und die Füße, die feste Grundlage des Körpers, sind der Erde und Materie zugeordnet.

Auch die bildliche Gestalt des Zeichens selbst kann uns Aufschluß über seinen Gehalt geben. Hierzu ist Einfühlungsvermögen nötig, denn ein starres Deutungsschema läßt sich nicht aufstellen. In der Gesamtheit wird aber offensichtlich, daß die Zeichen selbst schon den Inhalt bildlich darstellen und von den früheren Menschen so gesehen worden sind. Oft steht der Name des Zeichens noch in Zusammenhang mit dem optischen Eindruck:

1 **Einnahme:** Wie zwei Hände, die nach oben offen sind, dem Himmel zugewandt, empfangend.

2 **Ausgabe:** Verlust der Kräfte, dem Boden zugewandt.

3 **Freude:** Ein zum Himmel weisendes Gebäude, ein Turm, ein offenes Tor zum Eintreten.

4 **Traurigkeit:** In die Erde gerichtet wie ein Trichter oder ein Brunnenschacht.

52

5 **Drachenkopf:** Nach oben geöffnet wie die Einnahme, ein Zeichen auf langer Stange.

6 **Drachenschwanz:** Abwärts gerichtet, in der Erde verwurzelt, Betonung der Füße.

7 **Weiß:** Die Stärke liegt im oberen Teil des Bildes, Geist und Gefühl sind betont.

8 **Rot:** Die Stärke liegt im unteren Teil, Trieb und Materie sind betont.

9 **Mädchen:** Die Kraft liegt in der Brust, Hinweis auf die ernährende Mutter und die Liebe.

10 **Bube:** Die Kraftlinie ist in den Lenden, zeigt den zeugenden Mann an und seinen Trieb.

11 **Sieg:** Stark in Geist und Gefühl, ein Siegeszeichen auf langer Stange, eine Standarte.

12 **Verlust:** Die Stärke liegt im unteren Bereich; wie ein Spaten, der in die Erde gräbt.

13 **Volk:** Viele Einheiten zusammenstehend, verbunden; die Gesamtheit aller Möglichkeiten.

14 **Weg:** Eine gerade Straße, die das Oben und Unten miteinander verbindet.

15 **Treffen:** Oben und Unten begegnen sich, stehen sich gegenüber, kommen zusammen.

16 **Gefängnis:** Eingekreist, von einer Mauer umgeben, ohne Ausweg.

16. Kombination der Zeichen

Zur Bildung der Töchter aus den Müttern und der Enkelin aus den Töchtern muß man die Zeichen miteinander kombinieren. Veranschaulicht man sich diese Kombination in schematischer Weise (siehe Tabelle), dann merkt man, daß sie sich recht eigenartig verhalten, wenngleich streng mathematisch:

● Zählt man zwei gleiche Zeichen zusammen, so erhält man stets das Zeichen 13, »Volk«.

● Vereinigt man irgendein Zeichen mit Nr. 13, dann erhält man immer das erste der beiden Zeichen.

● Verbindet man zwei komplementäre Zeichen miteinander, also Paare wie 1 und 2 oder 3 und 4, dann ergeben sich nur drei Möglichkeiten, nämlich die Zeichen 14, 15 oder 16.

● Alle Zeichen mit gerader »Quersumme« (Summe der Sterne des einzelnen Zeichens), also die Zeichen 1, 2 und 11 bis 16, bilden in Verbindung mit Zeichen 14 ihr jeweiliges Komplementärzeichen, während die übrigen, die eine ungerade Quersumme bilden (3 bis 10), verschiedene Zeichen ergeben, jedoch stets eins aus ihrer Gruppe.

● Die Bildung eines Zeichens aus zwei x-beliebigen ergibt ein enges Dreieck, das ebenso rückwärts in beiden Richtungen gültig ist, zum Beispiel: $1 + 5 = 7$, $5 + 7 = 1$, $7 + 1 = 5$.

In diesem Sinne kann man noch weitere Verwandtschaften herausfinden. Der Einfachheit halber benutze man die Tabelle. Sie ist in der Diagonalen von links oben nach rechts unten natürlich achsensymmetrisch.

	1	2	3	4	5	6	7	8	9	10	11	12	13	14	15	16
1	13	14	10	8	7	9	5	4	6	3	15	16	1	2	11	12
2	14	13	7	9	10	8	3	6	4	5	16	15	2	1	12	11
3	10	7	13	16	14	15	2	12	11	1	9	8	3	5	6	4
4	8	9	16	13	15	14	11	1	2	12	7	10	4	6	5	3
5	7	10	14	15	13	16	1	11	12	2	8	9	5	3	4	6
6	9	8	15	14	16	13	12	2	1	11	10	7	6	4	3	5
7	5	3	2	11	1	12	13	15	16	14	4	6	7	10	8	9
8	4	6	12	1	11	2	15	13	14	16	5	3	8	9	7	10
9	6	4	11	2	12	1	16	14	13	15	3	5	9	8	10	7
10	3	5	1	12	2	11	14	16	15	13	6	4	10	7	9	8
11	15	16	9	7	8	10	4	5	3	6	13	14	11	12	1	2
12	16	15	8	10	9	7	6	3	5	4	14	13	12	11	2	1
13	1	2	3	4	5	6	7	8	9	10	11	12	13	14	15	16
14	2	1	5	6	3	4	10	9	8	7	12	11	14	13	16	15
15	11	12	6	5	4	3	8	7	10	9	1	2	15	16	13	14
16	12	11	4	3	6	5	9	10	7	8	2	1	16	15	14	13

Tabelle zur Kombination der Sandzeichen

EINZELDEUTUNG DER 16 GEOMANTISCHEN ZEICHEN

Oberteil → / Unterteil ↓	✳ ✳ / ✳	✳ / ✳ ✳	✳ ✳ / ✳ ✳	✳ / ✳
✳ ✳ / ✳	1	16	4	10
✳ / ✳ ✳	15	2	7	6
✳ ✳ / ✳ ✳	8	3	13	12
✳ / ✳	5	9	11	14

Beispiel:

Oberteil ✳ ✳
        ✳
.... } 1
   ✳ ✳
Unterteil ✳

Tabelle zum schnellen Auffinden des Zeichens

Nr.	Zeichen	Bedeutung
1	✳ ⋅ ✳ ⋅ ✳ ⋅ ✳ ⋅ ✳ ⋅ ✳ ⋅	Einnahme
2	⋅ ✳ ⋅ ✳ ⋅ ✳ ⋅ ✳ ⋅ ✳ ⋅ ✳	Ausgabe
3	⋅ ✳ ⋅ ✳ ⋅ ✳ ✳ ⋅ ✳ ✳ ⋅ ✳	Freude
4	✳ ⋅ ✳ ✳ ⋅ ✳ ✳ ⋅ ✳ ⋅ ✳ ⋅	Traurigkeit
5	✳ ⋅ ✳ ⋅ ✳ ⋅ ⋅ ✳ ⋅ ⋅ ✳ ⋅	Drachenkopf
6	⋅ ✳ ⋅ ⋅ ✳ ⋅ ⋅ ✳ ⋅ ✳ ⋅ ✳	Drachenschwanz
7	✳ ⋅ ✳ ✳ ⋅ ✳ ⋅ ✳ ⋅ ✳ ⋅ ✳	Weiß
8	✳ ⋅ ✳ ⋅ ✳ ⋅ ✳ ⋅ ✳ ✳ ⋅ ✳	Rot

Tabelle der 16 Sandzeichen

9	✳ ✳ ✳ ✳ ✳	Mädchen
10	✳ ✳ ✳ ✳ ✳	Bube
11	✳ ✳ ✳ ✳ ✳ ✳	Sieg
12	✳ ✳ ✳ ✳ ✳ ✳	Verlust
13	✳ ✳ ✳ ✳ ✳ ✳ ✳ ✳	Volk
14	✳ ✳ ✳ ✳	Weg
15	✳ ✳ ✳ ✳ ✳ ✳	Treffen
16	✳ ✳ ✳ ✳ ✳ ✳	Gefängnis

ZEICHEN 1

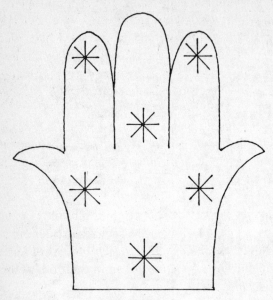

Einnahme
lat. acquisitio

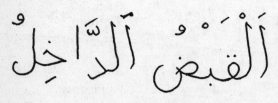

arab. el Qabḍ ed Dachil
(nehmende Hand)

Allgemeine Beschreibung

Die »Einnahme« bedeutet ein freundliches Schicksal in allen Lebensbereichen. Durch sie werden die menschlichen Beziehungen geadelt, sie ist gewinnbringend in jeder Hinsicht. Durch seine Stellung als erstes Zeichen und an ungerader Ordnungszahl bringt es eine besonders positive Bedeutung auf alle Fragen. Wer dieses Los gezogen hat, kann damit rechnen, Erfolg in seinem Streben zu bekommen und auch von seinen Mitmenschen Anerkennung zu erfahren.

Die einnehmende Hand ist immer die Linke, das ist seit uralter Zeit festgelegt, so daß es sich auch in den Umgangsformen in Asien und Nordafrika bis heute erhalten hat: Wer Geld ausgibt, tut es mit der rechten Hand, wer Geld annimmt, mit der linken.

Die einnehmende Hand ist ein Sinnbild für Handel und Geldwesen, sie kündet eine Erbschaft an oder ein unverhofftes Glück in materieller Hinsicht. Sie weist ferner auf eine glückbringende neue Bekanntschaft oder eine gute Nachricht hin.

Ebenso bezieht sich dieses Zeichen auf gutes Vorwärtskommen im geistigen Bereich, es fördert das Verständnis und die Verbreitung des Wissens. Jede neue Zusammenkunft bringt geistige Bereicherung. Studierende und Forschende werden neue Erkenntnisse gewinnen. Kranken ist die Heilung gewiß, und wer verzweifelt, wird neue Hoffnung schöpfen.

Einnehmend und gewinnbringend sind auch die übertragenen Bedeutungen: Jetzt ist der Augenblick, einen geistigen Zustand zu festigen, eine Neuerung durchzusetzen und einen Schritt voran zu tun auf dem Weg seiner Entwicklung.

Planet: Sonne

Hier wird die angenehm wärmende Sonne gewählt – im Gegensatz zur versengenden Sonne des zwölften Zeichens. Sie bringt Energie und Aufladung mit nützlichen Kräften während langer Zeiträume.

Zodiakus: Löwe

Der Löwe ist das Tierkreiszeichen der sommerlichen Wärme und des Südens. Als König der Tiere, sprungbereit zum Fang seiner Beute, ist es ein passendes Bild zur einnehmenden Hand und dem Begriff »Erwerb«, »Einnahme«.

Element: Feuer

Dies ist die freundlichste Ansicht vom Feuer: Wärme und energiespendende Kraft, die das Zusammenleben begünstigt.

Bodenschatz: Gold

Rein und unvergänglich wie Gold sind die Gewinne, die sich unter diesem Zeichen ergeben. Sie werden von Dauer sein, weit über die augenblickliche Situation hinausreichend.

Farbe: Weißgelb

Hell strahlend wie das blanke Metall und der Sonnenschein ist die Farbe dieses Zeichens, Sinnbild für gute Gedanken.

Wochentag: Sonntag

Seit frühester Zeit ist der Sonntag der erste Tag der Woche, in mehreren Sprachen wird er nur »der Erste« genannt, so wie der Sabbat der siebte Tag ist. Seine angenehme Wirkung (Erholung von der Arbeit) ist uns gerade heute besonders bewußt.

Tageszeit: Nachmittag

Am Nachmittag zeigt sich die wohltuende Folge der Sonnenbestrahlung, Erde und Steine haben sich vollgesogen mit Wärme.

Der Aufruf zum Letzten Gericht wird an einem Nachmittag erfolgen, das ist der Zeitpunkt der Erkenntnis von Gut und Böse, der Belohnung und Bestrafung und der freien Sicht auf alle Ereignisse.

Beruf: Händler und Zöllner

Ganz generell weist das erste Zeichen auf alle Berufe hin, die mit Geldeinnahme verbunden sind, also auf Steuereinzieher und Zöllner, Bankiers und Kassierer und allgemein auf alle Händler.

Im weiteren Sinne werden hier die meisten bürgerlichen Berufe erfaßt, die weniger schöpferisch sind, sondern als Zweck hauptsächlich den Geldgewinn haben.

Im übertragenen Sinne wird es auf die Schüler bezogen, die einen Gewinn aus ihrer Lernzeit ziehen wollen.

All diesen Berufen ist das Zeichen positiv gesinnt: Es verheißt Aufstieg, Ehrungen, Ansehen und Dauerhaftigkeit.

Krankheit und Heilung: Leber; reine Nahrung

Die Renaissance-Schriftsteller erwähnen hier Leberschäden und daraus entstehende Krankheiten, auch Gallenleiden, Fettsucht, ferner Gicht. Wahrscheinlich hängen diese Störungen des Organismus mit übermäßiger Aufnahme von Nahrung und Genußmitteln zusammen.

Arabische Autoren empfehlen als Heilmethode die Auswahl der Nahrung; man soll nur reine Nahrung zu sich nehmen, die durch ihren hohen Energiegehalt sofortige Wirkung auf den kranken Körper hat, zum Beispiel Honig und Fruchtsäfte, auch Butter und Öl.

Alle anderen Arten von Medizin würden den Heilvorgang nur verzögern, da dieser günstige Augenblick eine einfache Kur verlangt, bei der nur die besten Kraftspender eine sofortige Heilung erzielen.

Das Handauflegen, das ebenfalls erwähnt wird, soll stets mit der linken Hand vorgenommen werden.

Psychologische Auswertung

Die einnehmende Hand, die linke, bedeutet eine Verinnerlichung. Dieser Zusammenhang ist – abgesehen von der erwähnten allgemein asiatischen Sitte, mit der Linken zu nehmen – ein uralter esoterischer Parallelismus, der in der Chiromantik ebenso wichtig ist wie beim Kartenlegen oder beim Tanz.

Einnahme und Verinnerlichung betreffen nicht nur die materielle Seite, sondern auch den psychisch-geistigen Bereich: Aufnahmebereitschaft für neue Gedanken und Erlebnisse, das Erlernen und Sichaneignen anderer Lebensformen und das Schließen neuer Bekanntschaften und Freundschaften werden unter diesem Zeichen gefördert. So wird hier ein Charakter beschrieben, der stets zum Lernen und Umdenken bereit ist, der sich nicht für immer in seiner Meinung festgelegt hat, sondern noch wandlungsfähig ist, der ewig jugendliche Menschentyp, der in allen Lebenslagen eine Möglichkeit sieht, sein Wissen und seinen Erfahrungsschatz zu bereichern.

Dieser Mensch ist gesund, kraftvoll, beweglich und hellwach, aufmerksam gegen seine Umwelt, erfolgreich und mit Gütern gesegnet. Er wird von vielen Leuten bewundert, oft als Vorbild hingestellt, und er übt auch dadurch Einfluß auf seine Umgebung aus. Der Erfolg gibt ihm recht, fördert sein Selbstvertrauen und läßt ihn reifen. Sein Weg führt aufwärts und einwärts zugleich – höheren Zielen entgegen und der Selbstverwirklichung immer näher. Der Fragesteller kann im Bewußtsein der eigenen Stärke einen weiteren Schritt in Neuland wagen.

Liebe: ein Beginn

Zuweilen übermäßig stark wie die erste Liebe, meistens nur eine sympathische Verliebtheit, ein Sichkennenlernen mit all seiner Frische und Hoffnung – das zeigt dieses Zeichen an. Die Aussichten stehen günstig: Man akzeptiert sich gegenseitig, einer läßt den anderen gelten.
Eine Liebe oder Freundschaft, die unter diesem Gesichtspunkt geschlossen wird, hat Dauer.
Falls ein Streit vorlag, wird baldige Versöhnung eintreten, nach kurzer Trennung finden sich die Liebenden wieder.

Mystik: Öffnung nach oben

Dieses Zeichen ist doppelt nach oben geöffnet, dem Himmel zugewandt, den Segen und das Licht von oben empfangend. Es besteht aus zwei V wie Hände, die sich aufwärts recken, um anzunehmen, was ihnen gegeben wird. Den Römern war V – die Hand, die fünf Finger hat – zum Zeichen für 5 geworden. Bei den Arabern hat die *Chamsa,* die Fünf-Finger-Hand, einen ganz besonders positiven Wert, sie gilt als Schutzzeichen und wird mit Fatima, der Tochter des Propheten, in Verbindung gebracht, was als glückbringend anzusehen ist. Fruchtbarkeit und Zunahme sind dadurch gekennzeichnet.

Im geistigen Sinne wird auch hervorgehoben, daß eine neue Bekanntschaft unter diesem Aspekt neue Erkenntnisse und Segen bringt, da die Zunahme der geistigen Kraft eben durch die Gemeinsamkeit mit Gleichgesinnten wächst. Neben den vorhin schon erwähnten Vorteilen, sei es in materieller oder seelischer Hinsicht, bringt dieses Zusammensein auch für den, der dazu bereit ist, geistige Fortschritte, die erst im eigentlichen Sinne einen Gewinn ausmachen.

ZEICHEN 2

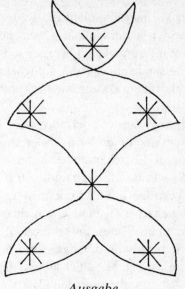

Ausgabe
lat. emissio

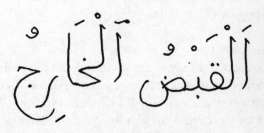

arab. el Qabḍ el Charidj
(ausgebende Hand, Abgabe)

Allgemeine Beschreibung

Das zweite Zeichen bringt Ausgaben und Energieverlust – es ist also dem vorigen genau entgegengesetzt, im äußeren wie inneren Sinne.

Dabei ist von Vernichtung nicht die Rede, sondern nur von Verlust. So wie der aufwärts weisende Weg nicht vom eigenen Willen erzwungen werden kann, so ist auch der abwärts weisende ein Teil der natürlichen Lebensgestaltung, er gehört zum Dasein wie Ein- und Ausatmung, Geburt und Tod.

Wer sich in diesem Zustand befindet, dem wird geraten, geduldig zu sein und einen Wandel der Umstände abzuwarten, bevor er Entscheidendes unternimmt. Er soll sich hüten, eine Reise zu beginnen, soll bedächtig handeln, keine Verträge unterschreiben oder Versprechen abgeben. Der negative Zustand wird nicht ewig anhalten, danach können neue Taten unternommen werden.

Klagen und Selbstanschuldigungen sind bedeutungslos, die Hingabe an das eigene Schicksal und das Verständnis des Auf und Ab im Leben werden als Tugend hervorgehoben. Vertrauen in die eigene Stärke, auch in dieser schweren Situation, ist grundlegende Bedingung für eine Besserung des Zustandes.

Planet: Komet

Das Zeichen steht unter dem bedrückenden Einfluß des Kometen, dessen Ankunft ungewiß ist. Anders als die berechenbaren Planeten sind die Kometen stets mit Furcht betrachtet worden. Man glaubte, daß ein Komet nichts Gutes bringt und nach seinem Vorbeiflug am Erdbereich dessen gute Strahlung in die Ferne des Weltraums mitnimmt.

Zodiakus: Steinbock

Den Alten war der Steinbock des Tierkreises als Ziegenfisch bekannt, ein Wesen, dessen Oberteil aus einem Ziegenbock und dessen Unterteil aus einem Fisch bestand.
Wie alle Zwitterwesen war es ihnen unheimlich, furchteinflößend.

Element: Erde

Dies ist der dunkle Aspekt der Erde, das Unergründli-
che, Verborgene, Überraschende. Alle Lebewesen geben ihr ihren Körper hin, wenn sie sterben.

Bodenschatz: Eisen

Für jene Völker, die das Eisen noch nicht benutzten,
hatte Eisen eine schreckliche Wirkung. Sie fürchteten sogar den Anblick des schwarzen Metalls, das oft genug von
Rost zerfressen ist.

Farbe: Marmoriert

Ungewisse Färbung, von roten Adern durchzogen wie
ein Marmorbruchstück; gefleckt.

Wochentag: Mittwoch

Der mittlere Tag der Woche, ungewiß in seinem Aus-
gang.

Tageszeit: Mitternacht

Wenn der angenehme Teil der Nacht vorüber ist und sich
die Schwere des Dunkels zeigt, die Kühle beginnt und die
Ungewißheit aufkommt.

Beruf: Glücksspieler

Verlust ist der kennzeichnende Begriff des zweiten Zeichens, und obgleich die hierzu genannten Berufe wie Glücksspieler, Taschendiebe, Betrüger und Hochstapler auf den ersten Blick Geld einnehmen, ist doch ihre Tätigkeit auf längere Sicht vom Verlust bedroht. Die durch Gaunerei oder Zufall gewonnenen Güter sind nicht von Dauer.

In unsere moderne Welt übertragen, kann man zu dieser Berufsgruppe auch die Lotterien und Versicherungen rechnen, die Spekulanten an der Börse und den Schwarzmarkt.

Die Voraussage ist ein Wechsel der Tätigkeit aufgrund besserer Einsicht.

Krankheit und Heilung: Vergiftungen; Purgative

Das Gegenteil zum vorigen Zeichen (die Aufnahme guter und stärkender Nahrung) ist eine Vergiftung, und dies im weitesten Sinne: Alle Nahrungsmittel, die dem Körper keine Energie zuführen, sondern ihn schwächen, können als Gifte angesehen werden. Im engeren Sinne sind hier die verfälschten und geschönten Nahrungsmittel gemeint, deren fatale Wirkung erst im Laufe langer Zeiträume – zum Teil über Generationen hinweg – sichtbar wird. Dasselbe Problem bestand schon in der Antike, es ist bis heute nicht beseitigt.

Im besonderen warnen die arabischen Autoren vor böswilligen Vergiftungsversuchen, was selbst innerhalb der Familien nicht selten vorkommt, speziell vor den sexuell anregenden Giften, die von Ehegatten oder Liebhabern angewendet werden. Zur Sofortheilung werden drastische Abführmittel, Purgative, vorschlagen.

Die Abtreibung, die auch unter diese Rubrik fällt, galt weder Arabern noch Renaissance-Ärzten als anstößig. Für die längerfristige Reinigung hat die arabische Heilkunst eine enorme Zahl an tierischen und pflanzlichen Produkten, vor allem in Form von Aufgüssen zur Blutreinigungskur, zur Verfügung.

Psychologische Auswertung

Den Menschentyp, der durch das zweite Zeichen beschrieben wird, könnte man einfach »Kritiker« nennen: Er hält sich in sicherem Abstand zu den Ereignissen, warnt schon vorher und kritisiert dann, wenn die Ereignisse eingetreten sind, alles Schlechte daran, indem er es vor aller Augen bloßlegt. Dabei macht er vor der eigenen Person nicht halt, sondern behandelt sie mit derselben erbarmungslosen Objektivität wie seine Gegner.

Diese Menschen sind zwar geachtet, doch selten von Freunden umgeben. In fast endloser Anstrengung geben sie ihre Kräfte an Ziele hin, die oft genug dem niederen Bereich gewidmet sind. Dabei liegt zwar ihr Standpunkt fest, die Grundlage ist durchaus solide, aber die Gesundheit und Lebenskraft wird in stärkerem Maße aufgebraucht, als es dienlich wäre.

Im geistigen Bereich erfolgt meist negative Aktivität, mehr zerstörend als aufbauend. Aus dem Kritiker wird ein Nörgler, der an allem und jedem einen Fehler entdeckt, der nie zufrieden ist und seiner Umgebung keine Ruhe gönnt. Es fehlt ihm das rechte Maß.

Im übrigen ist dieser Charakter durch eine deutliche Zweipoligkeit gekennzeichnet: Er schaut wie ein Janus in die Vergangenheit und die Zukunft, während ihm der Augenblick entflieht. Uneins mit sich selbst, stets den

Vergleich mit anderen Personen im Auge, kann er keine Zufriedenheit erlangen, sondern bewegt sich wie auf einem schmalen Grat über einem vermeintlichen Abgrund.

Selbstvertrauen und Liebe sind die beiden Tugenden, die ihn hieraus erlösen können.

Liebe: Verlust

Die Trennung vom Geliebten oder dem Freund wird durch das zweite Zeichen angezeigt. Schmerz und Klagen sind die Folgen, die jedoch keine Änderung bewirken.

Manche Liebe wird auch durch die Trennung nicht beendet, sie überdauert selbst den Tod des geliebten Partners.

Mystik: Reinigung

Obgleich die Voraussetzung für einen geistigen Aufstieg vom bildlichen Wert des Zeichens her günstig erscheint, ist doch die Grundhaltung vorherrschend: Unreinheit und Abwärtsgerichtetsein.

Bevor sich die Bereitschaft zur Höherentwicklung durchsetzen kann, muß erst ein Reinigungsprozeß stattfinden.

Die Abgabe der falschen Kräfte geschieht durch Enthaltsamkeit sowohl im Leiblichen wie auch im Seelischen. Fasten und Schweigen sind die besten Mittel dazu. Eine Trennung von der Umgebung ist förderlich.

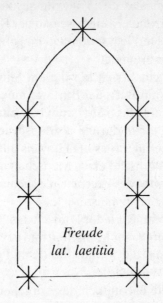

Freude
lat. laetitia

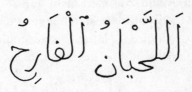

arab. el Laḥyan el Fariḥ (der frohe Bärtige)

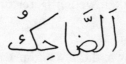

ed Daḥik (der Lachende)

Allgemeine Beschreibung

Dies ist das Zeichen der Freude und des gesunden Lebens, der Güter und des Vollgenusses körperlicher Fähigkeiten, der frohen Ereignisse und der Feste. Es läßt an Reichtum und Herrschaft denken, an gefüllte Kornkammern und viele Freunde.

Die Araber dachten sich bei diesem Sinnbild einen lachenden Mann mit Bart; der Bart war ihnen das Kennzeichen reifen Alters, das früher nur von wenigen Menschen erreicht wurde und darum als Ausdruck besonderen Glücks galt. Sie faßten es als Hinweis auf die Erfüllung der geheimen Wünsche eines Menschen auf. In anderen Manuskripten wird das Zeichen »Lachender« genannt, in einigen sogar »Schatzmeister«.

Es drückt Harmonie mit der Umwelt aus, Einverständnis mit der Umgebung, der Menschen und der Natur, Anpassungsfähigkeit an die Zeitumstände und Gewißheit der Erfüllung der Wünsche.

Zweifel über die Richtigkeit des Vorgehens oder Sorgen um den Fortbestand kommen nicht auf.

Da Seele und Körper im besten Einverständnis sind, ist das größte Geschenk der Natur, die Gesundheit, fast eine Selbstverständlichkeit. Die Lebensmitte wird bevorzugt.

Planet: Jupiter

Jupiter ist der Planet der Herrschenden, seine Kraft erstreckt sich auf einen weiten Bereich.

Zodiakus: Fische

Sich wohl fühlen wie die Fische im Wasser, das etwa ist die passende Vorstellung zum dritten Sandzeichen. Da die Fische unser gerade zu Ende gehendes Zeitalter kennzeichnen, sind auch jene anderen Aspekte damit verbunden, die wir heute erstmals in Zweifel ziehen: die völlige Ausnutzung der Natur, die Herrschaft über die Schwächeren.

Element: Wasser
Dies ist das Wasser im großen, allgemeinen Sinne, das gesamte Weltmeer und alle Wasservorräte der Erde. Wasser bildet den größten Bestandteil aller Lebewesen, ebenso auch der Oberfläche der Erde und der Atmosphäre.

Bodenschatz: Zinn
Es ist ein seltenes Metall, verstärkt das Messing, und in geringen Dosen wirkt es heilkräftig.

Farbe: Weiß
Das klare Weiß, unbefleckt, Kennzeichen der Feste und der Reichen.

Wochentag: Donnerstag
Der Tag des Donnergottes Jupiter in voller Arbeitskraft und Schaffensfreude.

Tageszeit: erster Teil der Nacht
Zu Anfang der Nacht werden die Feste gefeiert, wenn das Land noch angewärmt ist vom Tage.

Beruf: Kaufleute und Regierende
Es beschreibt weniger den genauen Berufsstand als vielmehr eine allgemeine Bevorzugung aller Berufe, die sich mit Handel und Regieren befassen.

Im besonderen werden auch Berufe genannt, die mit den Festen zu tun haben: Schauspieler und Musiker. Aber es sind hier weniger die schöpferischen, sondern mehr die nachahmenden Künstler gemeint.

Krankheit und Heilung: Gesundheit; Wasser

Da dieses Zeichen die allgemeine Harmonie zwischen Mensch und Umwelt ausdrückt, wird gesagt, daß solche Menschen normalerweise gesund sind. Sollte dennoch eine Krankheit nicht gleich wieder verschwinden, dann wird das Trinken von reinem Quellwasser angeraten.

Mögliche Krankheiten sind am Kopf und an der Leber zu erwarten, und dies nicht aus Mangel, sondern aus Überfluß an Gütern und Freuden. Dagegen hilft nur Selbstbeschränkung.

Psychologische Auswertung

Das Zeichen der echten Lebensfreude beschreibt Menschen mit großzügigem Charakter, freigebig und wohlwollend, von angenehmen Sitten und gesunder Fröhlichkeit. Es fehlt ihnen offenbar an nichts: Reichtum oder zumindest Wohlhabenheit, gesicherte Lebensumstände, Gesundheit und ein ausgefülltes Sinnesleben, sexuelle Befriedigung und gleichgesinnte Freunde. Und doch ist bei näherem Hinsehen erkennbar, daß im geistigen Bereich eine gewisse Einfachheit, ja Einfältigkeit vorliegt. Auch Einfalt kann man ja als Tugend ansehen, und daher ist also dieser Charakter einer der vollkommensten, die man sich vorstellen kann.

Lebhafte Aktivität und beschauliches Nichtstun halten sich die Waage, Vorwärtsstreben und genußvolles Sichtreibenlassen sind miteinander verbunden und gleichen sich aus. Die hervorragenden Eigenschaften dieses Charakters – Beständigkeit, Treue und Vertrauenswürdigkeit – machen jene Menschen beliebt bei jedermann, so daß sie immer Freunde und Helfer in ihrer Nähe wissen, die ihnen bei der Durchführung ihrer Pläne zur Hand gehen.

Stets beweglich, machen sie alle Neuerungen und Moden mit, sofern diese ihre Selbstverwirklichung und Bequemlichkeit nicht einschränken. Die Unbekümmertheit, mit der sie sich über das Leiden anderer hinwegsetzen, läßt auf einen Mangel an Einsicht schließen, was jedoch durch ihr offenherziges und schenkungsfreudiges Verhalten wieder wettgemacht wird.

Liebe: Erfüllung

Hierbei wird an die Erfüllung der nicht ausgesprochenen Wünsche gedacht, an heimliche Liebschaften und Vielfalt der Beziehungen, wodurch die ehelichen Verhältnisse keinen Schaden nehmen.

Orientalische Texte reden von Zweit- und Drittehen, von Liebe zu Sklavinnen und so fort; Deutungen, die sich nicht ohne weiteres auf unsere Verhältnisse übertragen lassen.

Mystik: Aufstieg

Das Bild der Sandfigur erinnert an ein Tor oder eine Pyramide, die Spitze weist zum Himmel. Noch ist keine Stufe erreicht, aber die Einstellung zum Geistigen ist positiv. Von einer soliden Grundlage ausgehend, werden die nächsten Schritte zur geistigen Entfaltung unternommen. Es ist das Zeichen dessen, der sich zum Weg nach oben entschlossen hat.

ZEICHEN 4

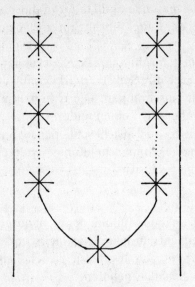

Traurigkeit
lat. tristitia

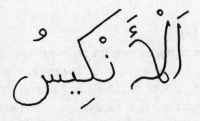

arab. el Ankis
(der Umgekehrte)

Allgemeine Beschreibung

Die Bewertung dieses Zeichens ist völlig negativ. Es ist der Erdschwere zugewandt und wird in einigen arabischen Texten »Haus des Todes« genannt. Es zeigt Leiden und Krankheiten an und fordert viel Geduld und Ausharren von dem, der sich in diesem Zustand befindet. Durch Veränderung der Bedingungen würde man die Sorgen und den Kummer nicht loswerden, sagt Scheich Qorschy, darum soll man mit Ausdauer und Kraft die schwere Zeit durchstehen.

Die arabische Bezeichnung »der Umgekehrte« stellt einen Mann dar, der kopfunter hängt. Es ist also eine genaue Umkehrung des vorigen Zeichens, wie auch der lateinische und der deutsche Name anzeigen.

In diesem Zustand gilt es als unsinnig, eine Reise oder ein Unternehmen zu beginnen, ein neues Geschäft anzufangen oder einen Menschen kennenzulernen.

Der seelische Zustand läßt sich am besten als Mutlosigkeit, Gefühl der Verlassenheit, Selbstaufgabe und Selbstzerstörung angeben. Die bildliche Entsprechung ist ein Mensch, der seine Beine verloren hat, so daß ihm die Grundlage, der Standpunkt, fehlt. Vom Übergewicht seiner Gedanken, Gefühle und Triebe wird er zu Boden gedrückt.

Da dieses Zeichen längere Dauer bedeutet, muß man sich auf seine Reserven besinnen und ausharren. Voreilige Entschlüsse sind fehl am Platze.

Planet: Saturn

Dies ist der älteste Planet der Menschheit, er weist in unerforschliche Zeit zurück. Seine Wirkung gilt als unheilvoll. Er ist auch der fernste der »alten« Wandelsterne, und diese Sonnenferne läßt ihn als kalt und dunkel erscheinen.

Zodiakus: Steinbock
Der kapriziöse Steinbock war bei den Orientalen ein wunderliches Doppelzeichen, dessen Ungewißheit man fürchtete: ein Ziegenfisch, das heißt ein Fabelwesen, dessen Oberkörper einem Ziegenbock entsprach, während der Unterleib in einem Fischschwanz endete.

Element: Erde
Die dunkle, unergründbare Erde, das Grab der Menschen, die Ungewißheit irdischer Ströme und Kräfte.

Bodenschatz: Blei
Ein schweres Metall, das leicht schmilzt, keine Strahlen hindurchläßt, jedem Druck nachgibt. Seine Giftigkeit ist allbekannt.

Farbe: Schwarz
Schwarz ist das Zeichen der Lichtlosigkeit, der Unergründbarkeit und – bei uns – das Zeichen der Trauer.

Wochentag: Sonnabend
Die Woche ist zu Ende, jede Tätigkeit muß ruhen. Was nicht geschafft wurde, kann erst nach einer Weile wiederaufgenommen werden.

Tageszeit: tiefste Nacht
Es ist Mitternacht, kein Stern erleuchtet das Land. Die Nacht dauert noch lange.

Beruf: Einsiedler, Alchemisten

Das Kennzeichen dieser Berufsgruppe ist die Einsamkeit. Darum wurden hier zuerst die Mönche und Eremiten genannt, dann jene, die in Labors forschen, was den meisten Autoren als unheimlich galt.

Die Renaissance-Autoren nennen auch Bergleute als unter diesem Zeichen stehend, und wenn man daran denkt, daß dieser Beruf in der Antike von Sklaven ausgeübt wurde, versteht man die Bedeutung.

Es ist hier also an jede Art von unfreier Betätigung in ungesunden Räumen, abgetrennt von anderen Menschen, zu denken. Diese Abhängigkeit ist nicht leicht zu ändern, das Joch nicht einfach abzuschütteln, sondern Beharrlichkeit und Kraft lassen den schweren Druck ertragen.

Krankheit und Heilung: Mangelkrankheiten; Heilerde

Zunächst einmal sind natürlich alle jene Krankheiten zu erwähnen, die durch körperliche Mängel ausgelöst sind, seien sie angeboren oder durch Unfälle erworben.

Dann wird an die bekannten Mangelkrankheiten gedacht, Blutarmut und Avitaminosen, Haarausfall und Impotenz. Schwäche und Schmerz sind die angesagten Kennzeichen. Alle Alterserscheinungen gehören zu diesem Zeichen.

Zur Heilung werden verschiedene Hilfen vorgeschlagen, vor allem immer wieder die Anwendung von Erde. Dabei handelt es sich vor allem um das Essen von Heilerde, ferner um Lehmumschläge und Moorbäder. Ganz allgemein hilft schon das Barfußgehen auf frischer Erde, die gerade aufgepflügt wurde, oder sich auszustrecken auf einem Platz, der gute irdische Strahlung hat.

Psychologische Auswertung

Der Mensch, der sich selbst aufgibt, willensschwach und haltlos, als hätte man ihm den Boden unter den Füßen weggezogen – so wird der Typ der »Traurigkeit« charakterisiert.

Zwar sind Geist, Seele und Leib voll ausgebildet, von Geburt an wie auch durch Erziehung und Umwelt, aber es fehlt dennoch eine gewisse Grundlage, ein Rückhalt, ohne den ein Mensch nur ein schwaches, vorübergehendes Wesen ist. Ohne Richtung hastet er von einer Ungewißheit in die nächste, furchtsam und unbedacht. In gewissem Sinne wird hier ein Menschentyp der großen Städte des 20. Jahrhunderts beschrieben: schwach wie ein Blatt, das der Wind vor sich herfegt, ohne Glaube und Überlieferung, der ohne Liebe gezeugt und ohne Wärme aufgezogen wurde.

Kein Überblick über diesen Zustand erleichtert ihm sein Leiden, kein Hoffnungsstrahl zeigt sich dem, der in diesem Labyrinth herumirrt. Es ist das »No-Future-Syndrom«, das hier voll wirksam wird.

Dabei gereicht es diesen Menschen nicht zum Vorteil, daß sie geistig voll auf der Höhe sind. Das Vernunftdenken verstrickt sich in seinen eigenen Gesetzen der Logik, ohne einen Ausweg anzuzeigen. Wenn der Urgrund des Seins angegriffen ist, leiden alle anderen Bereiche mit.

Hieraus helfen keine kurzfristigen Lösungen und keine erbaulichen Worte. Der Fragesteller sollte sich auf seine Ziele konzentrieren und sie mit Liebe anstreben.

Liebe: Verlassenheit

Dies ist der Mangel an Liebe und Zuwendung, die Vorstellung des Verlassenseins oder noch mehr: des Ausgestoßenseins.

In der Ehe bezieht es sich oft auf die Unfähigkeit zum gemeinsamen Ausdruck der Liebe, auf Sterilität und Gefühlskälte.

Außerdem werden hier die alten Leute erwähnt, die von ihren Kindern im Stich gelassen werden. Ihre Einsamkeit ist durch dieses Zeichen beschrieben.

Mystik: Gottferne

Dies ist das Gegenteil der Erfülltheit mit dem Geist der Erleuchtung, es ist die Dunkelheit der Verzweiflung, die – bildlich gesprochen – einem Sturz in die Unterwelt gleichkommt.

Gottferne nannten es die Sufis, die Mystiker des Islam.

Man kann hier an alle Arten von Agnostizismus denken, an die Unkenntnis der Urkraft des Lebens, das Gefühl des Ausgesetztseins in einer kalten, von keiner immateriellen Regung durchdrungenen Welt. Sie gehört zu unserem Zeitalter, aber sie war auch schon den Menschen in der Antike bekannt.

Absurde Gedanken wie Selbstmordabsichten sind in diesem Zustand zu erwarten.

Dagegen hilft die Besinnung auf die reiche Erfahrung aller Arten von Liebe, die jedem Lebewesen alltäglich zuteil werden. Die weit geöffneten Sinne trinken immer wieder die Kraft, die von allen Wesen ausströmt.

Da der Zustand der »Traurigkeit« nicht ewig währt, heißt der beste Ratschlag: Durchstehen und Ausdauer.

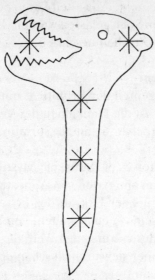

Drachenkopf
lat. caput draconis

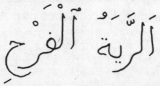

arab. 'Utbat dachila (innere Türschwelle)

er Rayat el Farḥ (Fahne der Freude)

Allgemeine Beschreibung

Es ist ein völlig positives Zeichen, dem geistigen Bereich zugewandt. Glück und Erfolg in allen Dingen, die einem guten Ziel zugehören, werden vorausgesagt.

Die Araber nennen das Zeichen »innere Türschwelle«, den Sitz im Innern des Hauses, Ausdruck der Geborgenheit. In anderen arabischen Texten heißt es »Fahne der Freude«, auch dieses Bild ist leicht verständlich, Fahnen und Wimpel sind echt orientalisch.

Schwieriger ist die lateinische Bezeichnung »Drachenkopf«, die sicher auf ein ostasiatisches Vorbild zurückgeht, denn nur dort galt der Drache als Glücksbote. Sein Kopf wurde als Inbegriff der Macht und des guten Schicksals angesehen. Das geöffnete Maul des Drachen verglich man mit der weiblichen Scheide, aus der alle Menschen geboren werden. In diesem Sinne hat das Zeichen seinen weiblichen Charakter bewahrt.

Darum bedeutet es die Verinnerlichung menschlicher Beziehungen oder geistiger Vorgänge. Es ist Ausdruck der Liebe, fördert die Ehe und die Freundschaft. Einigen Künsten wie Tanz und Theater ist es besonders gewogen.

Planet: Jupiter

Er ist der Begleiter der Herrschenden, Glücksstern der Mächtigen, auch im geistigen Bereich.

Zodiakus: Schütze

Treffsicher wie der Schütze, der seinen Pfeil nach oben, auf geistige Ziele, richtet und abschießt, so daß er – wie von irdischer Schwere befreit – in den Himmel aufsteigt.

Element: Feuer
Dies ist ein heftiges Feuer, das alle Unreinheiten austilgt,
Metalle läutert und mit der Spitze der Flammen in den
Himmel aufragt.

Bodenschatz: Zinn
Das scharfe Zinn, das der Bronze seine Stärke verleiht,
ein dauerhaftes Metall.

Farbe: Aschgrau
Leidenschaftslos und abgeklärt, die Farbe des Alters, in
dem Weisheit erlangt wird; Farbe der ausgebrannten Materie, aus der die flüchtigen Stoffe aufgestiegen sind.

Wochentag: Donnerstag
Der Tag des Donnergottes ist der günstigste.

Tageszeit: erste Morgendämmerung
Die allerfrüheste Dämmerung, wenn sich der erste helle
Streifen am östlichen Horizont zeigt, fast noch in der
Nacht; »Aufbruch vor der Sonne«.

Beruf: Bauleute
Handwerker, Ingenieure und Architekten, die Gebäude
in die Höhe planen und ausführen, werden von diesem
Zeichen angesprochen. Es begünstigt ihre Vorhaben, vor
allem, wenn sie zum allgemeinen Nutzen dienen. Jede
Verrichtung in diesem Umfeld wird Erfolg haben.
Auch die »Leute vom Bau«, also Theatermenschen,
Schauspieler und Tänzer, sehen es als ihr Glückszeichen
an.

Krankheit und Heilung: Bewegung

Mit dem Stichwort »Bewegung« ist beides beschrieben: Wenn Krankheiten unter diesem Glückszeichen auftreten, dann betreffen sie meist den Bewegungsapparat des Menschen, Rückgrat sowie Arme und Beine, besonders die Gelenke. Rheumatismus und Gicht gehören zu den häufigen Störungen.

Und andererseits wird Bewegung als Heiltherapie vorgeschlagen: gymnastische Übungen, jede Art von Laufen und im speziellen Falle Tanz. All dies soll im Freien, an der frischen Luft ausgeführt werden, denn die förderlichsten Orte für den »Drachenkopf« sind Bergspitzen und Türme.

Psychologische Auswertung

Der »Drachenkopf« ist das Zeichen geistiger Überlegenheit. Menschen, die all ihr Sinnen und Streben auf die geistigen Güter und hohen Ideale ausgerichtet haben, werden durch dieses Bild charakterisiert. Damit wird das Gute im Menschen angesprochen, seine Fähigkeit zur Überwindung der Materie durch die Geistesgaben. Philosophische und religiöse Erwägungen stehen im Vordergrund. Dagegen verblassen die Gefühlsregungen und die materiellen Belange.

Wie ein Betender, der beide Arme zum Himmel erhebt, den göttlichen Kräften geöffnet, so stellt dieses Zeichen die positiven spirituellen Bestrebungen des Fragestellers dar.

Freigebig wie die Natur selbst, aufbauend und mitteilsam für seine Umgebung – dies sind die vorstechenden Merkmale dieses Charakters. Er ist anpassungsfähig und stets in der Lage, seinen Vorteil wahrzunehmen, wenn dieser die geistigen Ziele fördert. Hilfsbereitschaft für eine größere, mehr geahnte als verwirklichte Gemeinschaft von Menschen, die ein Ideal vor Augen haben, ist eine seiner schönsten Tugenden.

Dem Fragesteller wird geraten, sich nicht von seinen ursprünglichen Beweggründen ablenken zu lassen, sondern im Bewußtsein der positiven Kräfte, die das Zeichen »Drachenkopf« aufruft, den Wandel der Umstände zum Guten hin zu führen. Da alles im Fluß ist und Bewegung erfordert, sind Gespräche und Reisen geeignete Mittel, diese Ziele zu erreichen.

Weibliche Lebensformen und Ideale werden von diesem Zeichen begünstigt. Frauen nehmen den Wandel in ihrem Körper viel stärker wahr als Männer; sie wünschen Veränderungen in ihrem Wesen herbei und wenden sich vergeistigten Aufgaben zu. Darum wird in vielen Religionen die Gemeinschaft der Gläubigen als eine Frau dargestellt, manchmal sogar als Jungfrau, die aus einer Greisin durch den Wandel ihres Wesens entstanden ist. Darum spricht dieses Zeichen besonders Frauen an, die sich höheren Zielen widmen, und bekräftigt sie in ihrem Vorhaben.

Liebe: vergeistigte Liebe

Dieses sehr weibliche und vergeistigte Zeichen ist allen Liebesbeziehungen geneigt, sofern sie frei von Leidenschaft, Eifersucht und niederen Beweggründen sind.

Es ist das Sinnbild der Frauenliebe, die Verständnis und Großzügigkeit birgt, auf Beherrschung und Besitzen des Partners verzichtet und höheren Zielen zustrebt.

Außerdem bringt es Geborgenheit (»die innere Türschwelle« nennen es die Araber), schützt die Ehe und die

Freundschaft und hat den Sinn und das Trachten auf Dauer gerichtet.

Mystik: hohe geistige Stufe

Das Bild des Zeichens selbst sagt es schon aus: Nur der Kopf, der geistige Teil, ist stark, alle drei anderen Bereiche sind schwach. Die Ausrichtung nach oben, höheren Werten zu, ist offensichtlich. Als ausgesprochenes Glückszeichen drückt der »Drachenkopf« das Erreichen einer hohen geistigen Stufe aus, die von nun an nicht mehr verlorengehen kann.

Man könnte es dem Tanz der Derwische vergleichen, die den in der Drehung erzielten Zustand auch dann noch beibehalten, wenn sie längst den Tanz beendet haben.

ZEICHEN 6

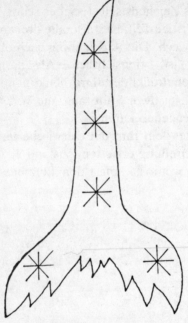

Drachenschwanz
lat. cauda draconis

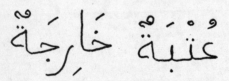

arab. 'Utbat charidja
(äußere Türschwelle)

Allgemeine Beschreibung

Der »Drachenschwanz« ist das genaue Gegenteil des vorigen Zeichens; nach asiatischer Vorstellung bringt der Schwanz des Drachen Verderben mit sich. In der Offenbarung des Johannes (12,3) fegt der Drache mit seinem Schwanz ein Drittel aller Sterne vom Himmel.

In Ostasien symbolisiert der Drachenschwanz das männliche Zeugungsorgan, stellt also hiermit ebenfalls das Gegenstück zum vorigen Bild dar. Dabei findet die Zeugungskraft selbst keine Beachtung, sondern nur der durch das Mannesglied ausgedrückte Trieb, der sich schädlich auswirken kann, wenn er ungezügelt und wahllos eingesetzt wird.

Offensichtlich ist in diesem Gedankenbild uraltes Glaubensgut matriarchalischer Kulturen erhalten geblieben.

Bei den Arabern heißt das Zeichen auch »Haus der Krankheiten und Verschwörungen«. Die von allen Orientalen gefürchtete Magie mit ihren unüberschaulichen Auswirkungen wird durch dieses Zeichen bloßgestellt, wenn auch nicht überwunden.

Die übliche arabische Bezeichnung »äußere Türschwelle« soll ausdrücken, daß man außerhalb der schützenden Mauern des Hauses Platz nehmen muß, daß man also nicht als Gast im Innern willkommen geheißen wird.

Die im sechsten Zeichen dargestellte negative Kraft ist ausgesprochen schwerwiegend, sie zieht herab und bedrückt. Bewußte Zurückhaltung und strenge Selbstbeherrschung sind die besten Mittel, diesen schlimmen Zustand zu überwinden.

Planet: Komet
Die fatale Auswirkung des Kometen ist kennzeichnend für dieses bedrückende Zeichen.

Zodiakus: Fische
Das Zeitalter der Fische war nicht nur segensreich, sondern vor allem von Zerstörungen und Kriegen begleitet.

Element: Wasser
Hier denkt man an den unheimlichen Aspekt des Wassers, an die Tiefe und Gewalt der Ozeane, an die zerstörende Kraft reißender Flüsse und an die unergründlichen Geheimnisse unterirdischer Gewässer.

Bodenschatz: Eisen
Das schneidende Eisen wird oft mit zerstörerischer Absicht eingesetzt.

Farbe: Schwarz
Schwarz, das Fehlen der Farben, lichtlos und ohne Aussage, kennzeichnet den »Drachenschwanz«.

Wochentag: Mittwoch
Es ist der Tag des ungewissen Ausgangs, der durch seine Stellung in der Mitte der Woche eine besonders ungünstige Ordnungszahl hat: dreieinhalb.

Tageszeit: tiefe Nacht
Die Tiefe der Nacht symbolisiert das Verlassensein des Menschen, Hoffnungslosigkeit und Schmerz.

Beruf: Magier, Ärzte, Spione

Hier liegt die Betonung auf dem Geheimnisvollen, das diesem Zeichen innewohnt. Wer auf verborgenen Wegen anderen nachspioniert oder ihnen durch Zauberhandlungen zu schaden versucht, ebenso auch derjenige Arzt, der seiner Handlung und Rezeptverschreibung nicht gewiß ist, wird hierdurch verurteilt. Berufswechsel ist die einzige Lösung von diesem unglücklichen Zustand.

Krankheit und Heilung: Depressionen, Sucht; Urin

Jede Art von seelischen Depressionen mit all ihren Folgen, alle psychosomatischen Leiden von chronischer Dauer, ferner die oft daraus resultierenden Süchte, besonders die Tablettensucht, gehören zu den schrecklichen Zeichen dieses Zustandes.

Zur Heilung wird von einigen arabischen Autoren ein drastisches Mittel angeraten: Man trinke an drei aufeinanderfolgenden Tagen frühmorgens den eigenen Urin. Dadurch sollen alle vegetativen Kräfte im Körper revoltieren, sich eine Base zur Heilung verschaffen, und die im Urin ausgeschiedenen Giftstoffe mobilisieren den Körper und regen ihn zu Abwehrreaktionen an.

Psychologische Auswertung

Triebverhalten und niedrige Beweggründe sind die Kennzeichen des »Drachenschwanz«-Charakters. Seine Folgen sind Rückschritt und Krankheit, innerer Zerfall und Auflösung.

Wer diesen Abwärtsgang aufhalten will, muß sich dieser Situation voll bewußt werden. Das fällt aber gerade diesem Menschentyp schwer: Er ist ohne Führung durch sein Bewußtsein den Trieben und Instinkten ausgeliefert.

Sein Wille konzentriert sich mit auffälliger Starrheit auf rein materielle Güter, auf Reichtum und Macht, die er meist zum Schaden seiner Umwelt einsetzt.

Dieses Zeichen ist männlich, und zwar im negativen Sinne: Der Kampf wird nicht offen ausgeführt, sondern listig und verschlagen mit Hilfe von Lüge und Verrat. Die Absicht, zu schaden und zu verletzen, richtet sich gegen jeden, oft genug auch gegen sich selbst. Daraus entsteht Leiden, dessen Ursprung vom einzelnen nicht mehr erkannt wird.

Liebe: Abneigung, Haß

Dies ist offensichtlich ein Sinnbild für die Umkehrung der Liebe, die in Abneigung, Widerwillen und schließlich in offenem Haß und in Verachtung mündet.

Renaissance-Autoren nennen hier auch »sexuelle Perversion« als Auswirkung, doch dies dürfte eher ein Überrest mittelalterlicher Verteufelung sein, die abzulegen ihnen noch zu kühn erschien. Jedenfalls finden sich in den arabischen Sandkunstbüchern keine Hinweise beispielsweise auf Homosexualität oder Sodomie in Zusammenhang mit diesem Zeichen. In früherer Zeit wurde dergleichen nicht verurteilt, nicht einmal als abartig bezeichnet.

Fest steht, daß hier von den niedrigen Trieben des Menschen die Rede ist, und zwar in dem oben zuerst genannten Sinne: gegenseitiges Nichtverstehen, Lieblosigkeit gegenüber dem Nächsten, Scheitern der Ehe, seelische Mißhandlung von Kindern, Vernachlässigung der Alten und Kranken, Herzenskälte.

Mystik: tiefste Unkenntnis

Wer sich seinen Trieben hingibt, völlig der Erde zugewandt, wie dieses Zeichen schon durch sein Bild anzeigt,
steht auf der tiefsten Stufe des menschlichen Geistes. Er
hat einen Irrweg beschritten und befindet sich in einem
lichtlosen Labyrinth, ohne daß ihm der Gedanke käme,
einen Ausweg ernsthaft zu suchen.

Diesen Zustand zu erkennen und den triebhaften Drang
anzuhalten ist an sich schon ein erster Lichtblick, der vielleicht im Laufe der Zeit gute Folgen haben wird.

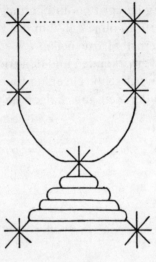

Weiß
lat. albus

arab. el Beyaḍ
(das Weiße)

Allgemeine Beschreibung

»Weiß« ist ein vollkommen positives Zeichen von perfekter Harmonie und Reinheit in materieller wie in seelischer und geistiger Hinsicht. Es weist stets auf einen Neuanfang hin und bringt allen Menschen Erfolg, die mutig unter diesem Zeichen beginnen. So begünstigt es vor allem die Eheschließung und die Neugeborenen, den Hausbau und eine Geschäftsgründung, die Aussaat und den Reiseantritt.

Weiterhin bedeutet es, daß man eine frohe Nachricht erfahren wird, einen angenehmen Besucher bekommt oder auf baldige Genesung hoffen darf.

Im Oberteil des Sandbildes liegt seine Stärke, geistige und seelische Regungen werden begünstigt. Aber auch die Füße, die für die materielle Seite des Lebens stehen, sind kraftvoll. Daraus ergibt sich, daß die geistigen Aspekte nicht kopflastig sind, sondern auf solider Grundlage stehen. Nur der triebhafte Charakter ist hier eingeschränkt. Darum kann man von einem Zustand reinster Harmonie sprechen, von keiner Ausschreitung gestört.

Hervorzuheben ist die Stellung von »Weiß« als siebtem Zeichen, was auf geistige Ausstrahlung hinweist, Erfüllung anzeigt und den Zustand des Weisen beschreibt, der in reiner Gelöstheit die Seligkeit himmlischer Kraft genießt.

Das Ergebnis ist eine frohe Bejahung aller hohen Ziele, tatkräftiges Fortschreiten auf dem Wege dahin und die Ausübung wohltätiger Handlungen.

Planet: Mond

Das leidenschaftslose klare Licht des Mondes, das die Dunkelheit der Unwissenden erhellt, in Wachsen und

Schwinden begriffen mit der Gewißheit stetiger Wieder-
kehr, Zeichen der Besonnenheit und Meditation.

Zodiakus: Krebs

Das Tierkreiszeichen der Monate Juni und Juli, die Reife
schon andeutend, frei von Stürmen – die friedliche Zeit
des Jahres.

Element: Wasser

Das klare Wasser, das die Bilder reflektiert, so wie ein
weiser Mann die Gedanken reflektiert; rein und nach
oben geöffnet wie ein Bergsee.

Bodenschatz: Perle

Die Perle ist zwar kein Bodenschatz, doch haben die meisten Autoren der Sandkunstbücher die Perle als zugehö-
riges kraftgebendes Material angegeben. Ihre klare
weiße Farbe, ihre beruhigende Wirkung, dem Mondlicht
und dem Wasser verwandt, passen gut zu diesem Zeichen.

Farbe: reines Weiß

Hierbei wird vor allem an das Weiß des Schnees gedacht,
an jungfräuliches Weiß, an Reinheit und fehlende Tönung.

Wochentag: Montag

Der Anfang unserer Arbeitswoche, wenn alle Tätigkeit
neu beginnen kann, der gerade zunehmenden neuen
Mondsichel verbunden.

Tageszeit: Vormittag

Der helle Vormittag, der alle Unternehmungen begünstigt, die Frische des beginnenden Tages.

Beruf: Lehrende und Lernende

Da diesem Zeichen das weiße Papier und die hellen, glänzenden Stoffe zugeordnet sind und da es besonders mit dem geistigen Bereich verbunden ist, wurde es schon seit alter Zeit als besonderes Kennzeichen der Priester und Weisen, Schriftsteller und Lehrer und natürlich auch der Studierenden angesehen. Die Beschäftigung mit Papier macht friedlich, wie ein weiser Dichter sagte, und so paßt dieses Zeichen mit seinem ausgesprochen friedlichen und harmonischen Charakter zu allen Lehrberufen, für die ja Bücher das wichtigste Hilfsmittel sind.

Ferner gehört hierzu natürlich auch die große Gruppe der Zeichner und Schreiber, der Dekorateure, Modeschöpfer und allgemein der Schneider und Maler. Im weiteren Sinne ist es das bevorzugte Zeichen all derer, die sich dem Frieden und der klaren Überlegung widmen, der Enthaltsamkeit und der Erfüllung geistiger Aufgaben.

Im engeren Bereich betrifft das die Mönche und Mystiker, die einen asketischen und reinen Lebenswandel führen. Oft sagt man ja von ihnen, daß ihr Gesicht strahlend weiß sei wie ein Licht, das vom Wasser reflektiert wird.

Krankheit und Heilung: Harnwege; Wasser

Die Schwäche des Zeichens liegt im Genitalbereich, sexuelle Enthaltsamkeit gehört zu seinen Lebensformen. Die bewegungsarme, oft sitzende Lebensweise dieser Menschengruppe bewirkt Schäden im Bereich der Harnwege, vor allem also der Niere, Harnleiter, Blase und Vorsteherdrüse.

Zur Heilung werden alle Arten von Wasserbehandlungen vorgeschlagen, sei es nach alter Art – etwa morgendliches Eintauchen in Meerwasser, von den Füßen beginnend, bevor man etwas zu sich genommen hat –, oder sei es nach der Art, wie Prießnitz, Schroth und Kneipp sie einführten.

Außer den Kaltwasserkuren werden auch Trinkkuren angeraten.

Psychologische Auswertung

Der Charakter, den das Zeichen »Weiß« beschreibt, kann als »weiblich« im besten Sinne bezeichnet werden: dem Wandel zugetan, friedliebend und die Reinheit anstrebend. Diese Menschen sind allen guten Einflüssen geöffnet, ausgewogen in ihren Entscheidungen und standhaft in den zwischenmenschlichen Beziehungen.

Sie sind von überdurchschnittlicher Intelligenz und geistiger Beweglichkeit, darum auch vielsprachig und gewandt in den Umgangsformen. Großzügigkeit gegenüber anderen Einstellungen und Bescheidenheit, soweit dies den persönlichen Bereich betrifft, zeichnen diesen Charakter aus. Auffällig für diese Menschen ist eine wohltuende Nachdenklichkeit, die zu verinnerlichter Betrachtungsweise führt.

Ganz überragend jedoch ist ihre Fähigkeit, sich anderen mitzuteilen sowie auch geistige Inhalte aufzunehmen und zu bewahren.

Wer sich dieser Eigenschaften bewußt wird und sie bestärkt, wird Erfolg haben in vielen Bereichen, denn das Zeichen »Weiß« ist keinem eng umgrenzten Gebiet zugeordnet, sondern in einem Zwischenbereich angesiedelt, wo mehrere Möglichkeiten offenstehen, wo Veränderungen stattfinden und sich neue Wege in verschiedenen Richtungen öffnen. Die ausgewogene Urteilsfähigkeit des Charakters ermöglicht es diesen Menschen, die rechte Entscheidung zu treffen.

Liebe: Freundschaft
Das siebte Zeichen ist vergeistigt und weist darum auf jene Form der Liebe hin, die wir »platonisch« nennen. Damit zeigt es alle Arten von Freundschaft an, auch gleichgeschlechtliche, außerdem besonders noch die Beziehung zwischen Lehrer und Schüler, die – vor allem in Persien – als Liebesverhältnis verstanden wurde.
Leidenschaft und Zeugung werden ausgeschaltet durch dieses Sinnbild. Dagegen werden die spirituellen Beziehungen, selbst zwischen entfernten Menschen, gefördert.

Mystik: Ausgeglichenheit des höchsten Zustandes
Die Erfüllung nach dem Aufstieg durch die verschiedenen Stufen der Reinigung und Klärung ist der beseligende Zustand höchster Ausgeglichenheit, der in diesem Zeichen erreicht wird. Das Bild läßt sich als Becher darstellen (s. S. 96), dem Kelch des Grals vergleichbar, der, nach oben geöffnet, den Segen des Himmels empfängt. Damit ist sowohl der Beruf des Lehrers als auch die religiöse Hingebung ausgedrückt.

ZEICHEN 8

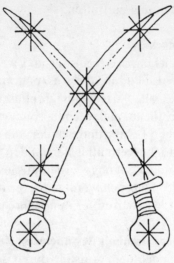

Rot
lat. rubeus

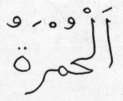

arab. el Ḥomra
(das Rote)

Allgemeine Beschreibung

Rot ist ein negatives Zeichen, es läßt an Feuer und Blut denken, an offene Entzündungen und Zorn. In diesem negativen Sinne weist es auf Krieg hin, auf Kämpfe und Schlachten in großem Maßstab; ferner auf Überfall und Mord im engeren Bereich. Es zeigt Brand und Untergang an.

Zum achten Zeichen gehört die Schmiede des Feuergottes Vulcanus. Taucht dieses Bild auf, dann bringt es Unglück. Darum soll man eine Handlung beenden, die in diesem Zustand begonnen wurde, sei es eine Reise oder ein Handel mit Waren oder die Vermittlung einer Beziehung oder eines Kaufs. Neue Bekanntschaften unter diesem Aspekt bringen keine Freude.

Es zeigt Knechtschaft und Verhaftetsein mit dem Lebensraum an, Unfreiheit und wenig Aussicht auf höhere Ziele. Wiederum läßt sich sagen, daß es ein genaues Negativbild des vorigen Zeichens ist.

Sowohl den Arabern, die nach dem religiösen Gebot des Dschihad (»Glaubenskrieg«) kämpften, als auch den Renaissance-Menschen, die in Aufruhr und Revolution die Chance zur Erneuerung des Abendlandes sahen, galt dieses Zeichen als nicht unbedingt negativ, wenngleich auch sie sahen, daß der negative Charakter von »Rot« überwiegt.

Planet: Mars

Dies ist der rote Planet, der Stern des Kriegsgottes. Sein schneller Lauf mit der langen Rückläufigkeit war den Alten stets ein unangenehmer Hinweis auf kriegerische Zeit.

Zodiakus: Skorpion

Das Tier, das nächtlich auf Jagd geht und »hinterhältig« mit seinem Stachel die Beute lähmt, nachdem es sie mit den Zangen ergriffen hat, ist den meisten Menschen »unsympathisch«, macht ihnen angst.

Element: Luft

Anders, als man zunächst denken könnte, ist nicht das Feuer, sondern die Luft das dazugehörige Element. Hier muß man an Sturm und Aufruhr denken, Zerstörung durch Wirbelstürme und wildes Wetter.

Bodenschatz: Eisen

Das Metall, mit dem Kriege geführt werden, der scharfe Stahl, der Blut fließen läßt.

Farbe: Rot

Leuchtendes Blutrot und kräftiges Scharlachrot sind die passenden Farben.

Wochentag: Dienstag

Im Altertum gehörte der Dienstag zu Mars, dem Kriegsgott; nur bei uns ist der dritte Wochentag dem hohen Himmelsgott Tiu geweiht.

Tageszeit: Abend

Dies ist das Bild des Sonnenuntergangs, wenn in brennender Röte der Tag versinkt.

Beruf: Schmied, Schlächter und Militär

Ganz allgemein werden all jene genannt, die mit Eisen oder Stahl Blut fließen lassen: die Schlächter und Fleischer, Fischer und Opferpriester, ebenso auch die Chirurgen und Barbiere – und natürlich alle militärischen Berufe.

Im übrigen gehören auch diejenigen dazu, die Eisen und Waffen herstellen, die Schmiede und Mechaniker, Ingenieure und Fabrikarbeiter.

Offensichtlich sind nicht alle genannten Berufe eindeutig negativ ausgerichtet, sowohl Chirurgen als auch Schmiede beispielsweise gehören seit alters als nützliche Glieder zur Zivilisation. Dennoch wird der unfriedliche Aspekt ihrer Arbeit betont.

Krankheit und Heilung: offene Wunden; Fasten

Wunden, die das Eisen schlug, aber auch alle anderen Arten offener Wunden, ferner gerötete Entzündungen, Ausschlag und Beulen gelten als Merkmale dieses Zeichens. Sie sind nicht immer nur von außen verursacht, sondern können auch aus dem Inneren hervorbrechen – wie der lange aufgestaute Zorn, der sich Bahn bricht.

Das beste Heilmittel dagegen sei eine Fastenkur. Diese mildert die Aufwallung des Blutes, eliminiert die giftigen Stoffe und fördert den Heilungsvorgang. Auch bei Tieren hat man immer wieder beobachtet, daß sie die Nahrungsaufnahme verweigern, solange sie eine offene, schwärende Wunde haben.

Psychologische Auswertung

Dieses ist das zweite männliche Sinnbild mit negativer Bewertung, Streit und Wunden sind seine Folgen. Der Charakter dieses Menschentyps wird oft als vorbildlich hingestellt: intelligent und kraftvoll; mit festen Überzeugungen; sein Selbstbewußtsein führt zur Überbewertung der eigenen Person; auch Stolz und Hochmut sind für ihn kennzeichnend. Er versucht, seine Macht über andere auszuüben, läßt keine fremden Meinungen gelten, ist intolerant. Nicht immer sind die negativen Auswirkungen dieser Geisteshaltung gleich erkennbar, oft wird die glänzende Außenseite dieses Charakters bewundert. Es fehlt die kritische Einstellung, die größere Zusammenhänge überschaut.

Da alles noch im Entstehen begriffen ist, gehören Selbstbeherrschung und Weitblick dazu, die zahlreich auftretenden Gefahren zu meistern. Doch gerade daran fehlt es diesem Charakter: Er ist befangen in seinen eigenen Ideen und völlig dem Augenblick zugewandt, ohne weiter vorauszuschauen. Seiner ungestümen Kraft fehlt auch die Seele, die liebevolle Führung, die Herzensgüte.

Kühle Intelligenz mag bei Diskussionen Siege erringen, aber sie erreicht dennoch nichts, da sie keine echte Bekehrung oder Überzeugung im Gegenüber erwirkt. Oft werden solche Diskussionen aus reiner Streitsucht geführt, aus der Freude, den anderen zu besiegen.

Wer sich immer »auf dem Kriegspfad« befindet, vernachlässigt sein eigenes Vorankommen, sein Gefühl wird Schaden nehmen. Nur in Freiheit gedeihen die menschlichen Beziehungen, und darum sollte der Fragesteller gerade auf sein Gefühl achten und mehr seinen Gemütsregungen nachgeben.

Liebe: Leidenschaft und Zorn

Das Bild des zornigen Mannes, der mit blutunterlaufenen Augen sein Opfer verfolgt, nicht mehr Herr seiner Gedanken und Handlungen, mag abschreckend wirken. Weniger deutlich wird uns dies beim Begriff »Leidenschaft« vorkommen, denn sie gehört wohl immer zur Liebe, wie wir meinen. Doch auch hier besagt das Zeichen »Rot«, daß dies eine negative Regung ist, die es zu unterdrücken gilt.

Für Eheschließungen oder den Beginn einer Freundschaft ist dieses Zeichen nicht förderlich, denn in diesem Zustand wird mehr zerstört als aufgebaut. Zurückhaltung ist angeraten. Man sollte Abstand gewinnen und zu einem späteren Zeitpunkt die Verbindung noch einmal überdenken.

Mystik: Glaubenseifer

Die Wildheit des Zeloten, der nur seine eigene Glaubensform als Wahrheit ansieht und die der anderen nicht gelten läßt, kampfbereit gegen alle Abweichler und Erneuerer, außerdem zur Mission ausgesandt – diesen Menschen beschreibt das achte Zeichen.

Es besagt, daß in den drei Bereichen des Wissens, der Impulse und des Standpunktes volle Kraftentfaltung vorhanden ist, während sie im Bereich der Seele, der Liebe, fehlt. Dieser Mangel führt zu einem Mißverhältnis, in dem gegenseitiges Verständnis, Bereitschaft zur Annahme des anderen als gleichwertigen Menschen, Sympathie und einfachstes Mitgefühl verloren sind. Eines der höchsten Gebote geistigen Fortbestandes, nämlich die Duldung der anderen Meinung, wird hier verletzt. Es fehlt an Liebe.

Blinder Bekehrungseifer und Befolgen unverstandener Vorschriften bringen keine Entfaltung der geistigen Möglichkeiten, sondern Leid und Unterdrückung. – Allein diese Darstellung des Mißstandes sollte schon zur Mäßigung und Beruhigung der Leidenschaft führen.

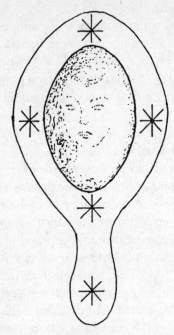

Mädchen
lat. puella

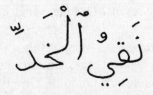

arab. Naqi ul Chadd (makellose Wange)

Allgemeine Beschreibung

Starkes Glückszeichen von strahlender Reinheit – so läßt sich das Wesen dieses Zeichens einprägsam ausdrücken. Man stellt es sich als aufblühendes junges Mädchen vor, als Jungfrau, als Blumenknospe, die sich gerade zu öffnen beginnt.

Der arabische Begriff »makellose Wange« soll den Unterschied zum Knaben (»mit Bartflaum«, vgl. Zeichen 10) kennzeichnen. In den Versen des Scheichs Zanaty heißt es einfach nur »Naqi«, makellos, rein. Auf diese Weise hat es sich im Volk gut eingeprägt.

Es steht an neunter Stelle und ist damit doppelt begünstigt: einmal durch die Zahl Neun, die in vielen alten Kulturen als besondere Glückszahl galt, das Dreifache der Drei, die die Gottheit beschreibt; und andererseits steht es als erstes der zweiten Hälfte der 16 Zeichen.

Das »Mädchen« bringt Freude, es kündigt Töchter und Söhne im Haus an, Reichtum, schöne Kleidung und Schmuck. Den Liebenden ist es glückbringend. Stets weist es auf die Schönheit eines Menschen hin.

Im Schutz dieses Zeichens steht das Streben nach edler Gesinnung, die gute Erziehung, die Reinheit der Sitten und die Verfeinerung der Umgangsformen. Höflichkeit im eigentlichen Wortsinne ist sein Wesen. Hinzu kommen Bescheidenheit, Einfachheit, Liebenswürdigkeit, Hilfsbereitschaft und Respekt vor dem Alter; dann auch Hinwendung zum Glauben, Anbetung der Gottheit und Bewahrung der Überlieferung.

Die schönen Künste sind sein bevorzugtes Gebiet.

Das neunte Zeichen verheißt auch Sieg über den persönlichen Feind, bringt reichlich Gewinn beim Handel und Erfolg bei allen Unternehmungen. Weite Reisen unter diesem Zeichen werden in Zufriedenheit und mit reicher Erfahrung enden. Wer dieses Los zieht, kann sicher sein, daß er Fehlendes zurückerhält, daß Schäden wiedergutgemacht werden und Verschwundenes wiederkommt.

Es läßt Verborgenes sichtbar werden, darum hat mancher arabische Autor geschrieben, daß es die Schatzsuche begünstigt oder das unerwartete Auffinden eines Schatzes anzeigt; ebenso, wie es auch den Erhalt einer Erbschaft ansagt.

Planet: Venus
Dies ist die Venus in ihrer Phase als Morgenstern, hell strahlend, wenn alle anderen Sterne verblassen.
Die Ähnlichkeit der astrologischen Vorstellungen von Venus mit diesem Zeichen sind offensichtlich.

Zodiakus: Waage
Die frei schwingende Waage, in der Luft aufgehängt, die jede kleinste Regung anzeigt, mit dem Sinn für Ausgleich und Gerechtigkeit.

Element: Luft
Reine Luft und leichtes Wehen, das die Haut streichelt.

Bodenschatz: Kupfer
Das weiche rötliche Kupfer, das erste Metall, das die frühen Menschen in großer Menge schmolzen und zu Werkzeugen verarbeiteten.

Farbe: Weiß
Das makellose Weiß, Sinnbild der Reinheit und Unberührtheit; wie frisch gefallener Schnee.

Wochentag: Freitag

Es ist der Tag, der der Venus geweiht war, der Freyja der Germanen.

Tageszeit: Morgen

Der frühe Morgen, wenn der Tag noch mit all seiner Frische erglänzt und das Licht über die Nacht siegt, wobei es Verborgenes freilegt.

Beruf: Künstler

Dieses Zeichen bringt den Künstlern Erfolg, es ist wohlmeinend mit allen schöpferisch tätigen Menschen. Besonderes Gewicht wird auf die bildenden Künste gelegt, auch Modeschöpfer, Kunsthandwerker, Feinschmiede, Schmuckhersteller und alle, die zur Verschönerung und Verfeinerung des Alltags beitragen, wie Schneider, Parfümhersteller und Kosmetiker, Gärtner und Blumenhändler.

Das »Mädchen« wurde auch als Vestalin gedacht, als Priesterin und Hüterin des heiligen Feuers, Bewahrerin der Überlieferung, der Bücher und Lieder. Darum begünstigt es die Dichter und Sänger und alle religiösen Berufe. Darüber hinaus stehen alle Erzieher unter diesem günstigen Zeichen.

Kreativität und Empfinden für Schönheit werden gefördert.

Krankheit und Heilung: Herz; Traumheilung

Obgleich es ein Zeichen für hervorragende Gesundheit ist, zeigt es doch manchmal ein schwaches Herz an und Störungen, die davon herrühren.

Bei jeder Art von Krankheit wird die *Istichara*, die

Traumheilung (Inkubation) empfohlen. Man soll sich nüchtern zum Schlaf niederlegen, nach Möglichkeit in einem fremden Gebäude, das zu diesem Zweck geeignet ist (Heiligtum), und während der Nacht nicht von Fremden betreten wird.

Den Traum soll man sich gut merken oder aufschreiben und seine Weisungen streng befolgen. Wenn er nicht völlig verständlich war, muß man einen Arzt oder Psychologen um Deutung bitten.

Psychologische Auswertung

Das dritte der typisch weiblichen Zeichen beschreibt die Vollendung des weiblichen Wesens in seiner reinsten Form. Damit sind alle jene Menschen angesprochen, denen der sinnlich-seelische Bereich als Lebensinhalt gilt. Das Gemüt, den Romantikern der heiligste Begriff der menschlichen Psyche, spielt die Hauptrolle für diese Charaktere. Sie sind nicht eigentlich aktiv, dafür aber stark anziehend – etwa wie ein Magnet – und darum keineswegs als kraftlos zu bezeichnen. Ihre schöpferische Tätigkeit entfaltet sich mehr träumerisch, den Einwirkungen der Natur und der Mitmenschen hingegeben. Die Empfindlichkeit für alle Eindrücke und die Empfänglichkeit für feinste Ausstrahlungen befähigt diese Menschen zum Erlebnis telepathischer Wirkungen.

Sie verinnerlichen gute Gedanken, beherzigen die hohen Konzepte der Ehtik, sind weichherzig und darum auch mildtätig gegen alle Schwächeren. Da sie jedem Einfluß leicht nachgeben, sagt man, diese Menschen seien »weich«, was jedoch nur teilweise richtig ist, nämlich insofern, als es sich auf den Standpunkt in geistigen Belangen bezieht; dieser wird nicht mit Heftigkeit vertreten, sondern gern zur Wahrung der Harmonie zurückgestellt.

Die wesentlichen äußeren Merkmale dieser Menschen sind Schönheit, Eleganz und Grazie, feine Umgangsformen und auffallende Betonung der Reinlichkeit, kurz: das, was man eine »sympathische Erscheinung« nennt.

Allem Überlauten und Aufdringlichen abgeneigt, dazu mit einem hervorragenden Sinn für Gerechtigkeit und Ausgleich, sind sie das Vorbild für junge Menschen und darum als Erzieher der Kinder im höchsten Maße geeignet.

Der Fragesteller sollte vor allem seine vermeintliche Schwäche nicht zu schwer nehmen, sondern aus den Tugenden, die ihm eigen sind, den höchsten Gewinn erwarten und sich mit Freude dem Guten zuwenden, das durch sein Wesen und Streben im Entstehen ist.

Liebe: erste Liebe

Dies ist die sanfte, aber fast unbesiegbare Gewalt der ersten Liebe, noch nicht von Leidenschaft verzerrt, noch frei von Zweifeln und Nützlichkeitsdenken.

Es ist die Zeit des ersten Flirts, der scheuen Berührung, des Sichversenkens im gegenseitigen Anblick. Obgleich dies in jedem Lebensalter auftreten kann, weist es doch deutlich auf die heranwachsende Jugend hin, auf die lesbische Phase der Mädchen und die Ephebenzeit der Jungen.

Im weiteren Sinne begünstigt es die Verlobung und sagt eine gute Zukunft für das begonnene Liebesverhältnis voraus. Zärtlichkeit und gegenseitige Aufmerksamkeit sind angeraten.

In der Ehe bedeutet es Hingabe und Vertrauen.

Mystik: höchste Einweihung

Wie ein Spiegel, der unverfälscht das Abbild der Person zeigt (s. S. 108), so stellt sich dieser Zustand der höchsten Einweihung dar: Die Schleier sind abgefallen, die reine Empfindung der Weisheit hat sich ausgebreitet.

Damit ist keine Erlösung, keine geistige Loslösung erreicht, denn die Stärke dieses Zeichens liegt im Gefühl allein. Der geistige Bereich ist noch schwach, während Triebleben und materielles Streben schon überwunden sind. Diese nur in der Empfindung verankerte Einweihung dient der Erziehung, der liebevollen Hinführung auf die Stufe der Vergeistigung.

Wie eine Mutter mit ihren Brüsten das Kind ernährt, so wird das Erlebnis der Einweihung die Person in allen Lebensumständen stärken und leiten.

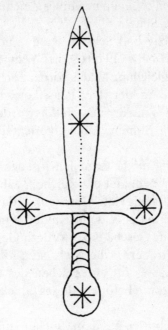

Bube
lat. puer

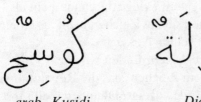

arab. Kusidj   Djodila
(mit Bartflaum)   *(Bursche, aufgerichtetes Glied)*

Allgemeine Beschreibung

Der Bube ist hier ein Sinnbild für die unbeherrschten Kräfte des Menschen, die mehr schaden als nützen. Es ist jedoch kein vollkommen negatives Zeichen, sondern hat einige positive Seiten.

Scheich Qorschy und Scheich Radjuz nennen es: »mit Bartflaum«, wobei wohl das Wort »Wange« voranzustellen ist – in Angleichung an das vorige Zeichen, zu dem es das Gegenstück bildet. Der Klassiker Zanaty nennt es *Djodila* (woraus in Ägypten *Gadile* wurde), und das bezeichnet einen Stamm, ein aufgerichtetes Glied, den »Burschen«.

Die Anspielung auf die sexuelle Kraft des Mannes ist eindeutig. Darum bedeutet das Zeichen: zahlreiche Kinder im Hause und auch viele Geschenke; dies sind ja nicht »ungetrübte Freuden«, denn Kinder bringen auch Unruhe und Streit, Geschenke erfordern Gegengeschenke. Doch den Arabern, die sich stets Kinderreichtum wünschten, war es oft ein Zeichen des Glücks, wenngleich alle Autoren betonen, dieses Glück sei von kurzer Dauer.

Weiterhin ergibt sich aus dem Zeichen, daß es den Krieg und Umsturz begünstigt. Waffenlärm und Feuersbrunst sind seine Bilder. Aber den jahrhundertelang so wehrhaften Muselmanen galten Kriege durchaus nicht als Unglück, deswegen sahen sie das Zeichen nicht als Übel an, sondern gemischt in seiner Aussage.

Auch in Renaissance-Texten finden wir mehr Gutes als Nachteiliges an diesem Zeichen, das die Revolution und das Ende alter Zustände anzeigt. Dennoch bleibt festzustellen, daß es sowohl aufgrund seiner Stellung (gerade Ordnungszahl, wenn auch die günstige Zehn) als auch in seiner inneren Bedeutung ein negatives Zeichen ist, denn die allein auf die Triebe ausgerichteten Kräfte bewirken Zerstörung.

Offensichtlich ist den matriarchalischen Gesellschaften, in denen die Geomantik entstanden ist, die ungezielte, unbeherrschte männliche Kraft ein Hinweis auf die zerstörenden Wirkungen der Natur gewesen. Und so war der »Bube«, ähnlich wie das sechste Zeichen, ein schlechtes Omen. Die unausgereiften Handlungen, die dem »Buben« eigen sind, lassen jedenfalls auf negative Auswirkungen schließen.

Darum wird geraten, unter diesem Zeichen nicht fortzufahren, sondern eine Reise abzubrechen, einen Handel zu beenden und die Abrechnung zu verlangen, eine unangenehme Bekanntschaft aufzulösen und so fort.

Planet: Mars
Mars war der Gott des Krieges und Aufruhrs, streitbar und unbeherrscht seinen Impulsen folgend.

Zodiakus: Widder
Aries, der Hammel der Araber, Sinnbild der nomadisierenden Schafzüchter von Abraham bis zum Beginn unserer Zeitrechnung, dem gewaltsamen Opfertod geweiht.

Element: Feuer
Die rote Lohe, die alle Schwachen und Kranken verzehrt, wenn sie Dörfer und Wälder erfaßt. Die reinigende Wirkung sollte nicht überschätzt werden, da sie nicht von Dauer ist.

Bodenschatz: Eisen

Zum Kriegführen braucht man Eisen und Stahl; trotz aller Nützlichkeit dieses Metalls liegt das Gewicht hier auf seiner zerstörenden Wirkung.

Farbe: Rot

Die rote Farbe weist auf Blut und Feuer hin, auf Zorn und wildes Aufflackern der Triebe.

Wochentag: Dienstag

Es ist der dem Kriegsgott Mars geweihte Tag.

Tageszeit: Mittag

Beim höchsten Sonnenstand wallen die Gemüter auf, das Blut erhitzt sich, die Gesten werden heftig. Doch der Zustand hält nicht lange an, bald senkt sich die Sonne auf ihrer Bahn.

Beruf: Soldaten

Dies ist das typische Zeichen all jener, die mit Waffen umgehen: der Soldaten und Offiziere, der Polizisten und Wächter, der Henker und Gewaltverbrecher.

Früher dachte man hierbei besonders an die »junge Mannschaft«, die auf Eroberung auszieht, aber auch an gemeine Räuberbanden. Auf heute übertragen, entsprechen den einen die Revolutionäre, den anderen die Verbrecher.

Hierbei wird deutlich, daß bei diesem Zeichen die Licht- und Schattenseiten verteilt sind; von der negativsten Bewertung bis zu einer gemischten, ja zustimmenden Ansicht sind alle Schattierungen möglich.

Da die guten Ergebnisse, die dieses Zeichen zuläßt, nur

von kurzer Dauer sind, wird in jedem Fall angeraten, eine derartige Berufswahl abzulehnen oder seine Fortführung abzubrechen.

Krankheit und Heilung: Schlaganfall; Kauterisation
Krankheiten, die durch Bluthochdruck verursacht werden, Schlaganfall, aber auch andere Krämpfe, Epilepsie und kurze heftige Fieberanfälle werden hier genannt.
Die Heilmethode der Kauterisation ist heute bei uns unbekannt, sie wird im Orient noch vielfach ausgeführt. Dabei werden an einigen Körperstellen, die der Heiler genau kennen muß und je nach Krankheit auswählt, kleine Wunden in die Haut gebrannt, meist mit einem glühenden Holz- oder Eisenstab. Diese Brandwunden zwingen den Körper zu einer positiven Reaktion, wodurch die Heilung eingeleitet wird.

Psychologische Auswertung
Das dritte männliche Zeichen mit negativer Bedeutung hat Ähnlichkeit mit »Rot«, auch hier ist der schädliche Aspekt nicht sogleich ersichtlich.
Tatkraft und strotzende Gesundheit, ja auffallende Männlichkeit zeichnen diesen Charakter aus. Da jedoch die geistigen und seelischen Qualitäten schwach entwickelt sind, führt diese Kraftentfaltung zur Zerstörung der Umwelt und der Gesellschaft.
Zu den begrüßenswerten Merkmalen wie Beweglichkeit, Freiheitsbedürfnis, Selbstverwirklichungswille und Führungseigenschaften treten andere, die den Erfolg der Handlung in Zweifel ziehen und oft genug zum Ruin führen: unbeherrschte sexuelle Triebe, fehlendes Grundwissen, Mangel an Disziplin und auffällige Unreife.

Ungenügende Vorbereitung und ausgesprochene Kurz-
sichtigkeit in der Planung lassen keine dauerhaften Siege
erringen. Der »Bube« ist noch zu jung, zu unerfahren, zu
wenig gebildet, um seinen Vorsatz zu einem guten Abschluß zu bringen. Das Ende wird blutig ausgehen für
den, der nicht rechtzeitig durch Erkennen seiner Situation eine Kehrtwendung ausführen kann.

Liebe: Trennung

Das Ausleben der sexuellen Triebe ist keine gute Grundlage für eine Ehe oder Freundschaft. Die durch den »Buben« dargestellte Unreife und Leidenschaft ist hinderlich
für die harmonische Entwicklung menschlicher Beziehungen.
Darum kündigt dieses Zeichen Trennung und Scheidung
an. Es stellt fest, daß keine Gemeinsamkeit mehr besteht
und das gegenseitige Verständnis verlorengegangen ist.
Außer der Lösung derartiger Verbindungen auf falscher
Grundlage bringt dieses Zeichen die Erkenntnis, daß
reine Triebhaftigkeit zerstörend wirkt. Die Abkehr von
dieser Lebensweise wird geraten.

Mystik: Verblendung

Da die Triebkräfte überbetont sind, kann der Weg zum
Heil nicht beschritten werden. Dies ist die Verblendung
derer, die in den zeugenden Kräften der Natur ihr Vorbild sehen. Enge Verkettung an die undurchschaubaren
Zusammenhänge alles Lebendigen ist die Folge. Wildheit und Jähzorn führen abwärts, Unkenntnis und Zweifel verstricken die Person in einem feurigen Zustand, der
immer wiederkehrt. Nur eine starke Absage und sofortige Umkehr können aus dieser Notlage erretten.

ZEICHEN 11

Sieg
lat. fortuna maior

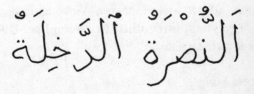

arab. en Nuṣrat ed Dachila (der eintretende Sieg)

Allgemeine Beschreibung

Das Zeichen des Sieges – im geistigen wie im materiellen Bereich. Es zeigt Erfolg im ganzen Leben an. Als unvermischtes Sinnbild ist es ein echtes Glückszeichen.

Einige arabische Autoren nennen es den »Glückspfeil der Könige«, denn es bringt den Mächtigen Glück und Gelingen, den Königen bringt es Sieg in der Schlacht. Wer sich diesem Zeichen anvertraut, schrieben sie, der erlangt Würden und Ehrungen im Beruf.

Als hellstrahlendes Zeichen begünstigt es Verstand und Gefühl zugleich. Darum darf der, der dieses Los gezogen hat, getrost einiges wagen, sofern seine Absichten ehrlich und auf ein höheres Ziel gerichtet sind. Mit dem »Sieg« ist nämlich das Erreichen geistig-seelischer Ziele gemeint, und nur die strenge Ausrichtung auf das Wesentliche des Lebensweges wird wirklichen Nutzen bringen.

Die Römer stellten sich unter diesem Zeichen ein herrliches Weib vor, glücklich und selbstbewußt, in der Mitte des Lebens, ihres Erfolges und ihrer Ausstrahlung sicher. Damit deuteten sie den materiellen Wert des Sieges an, die Erfüllung der Wünsche: ausreichenden Lebensunterhalt, gute Wohnung und häusliches Glück, gesunde Kinder und Vorwärtskommen im Beruf.

Planet: Venus

Der hellste aller Planeten, dessen Wirkung für das Leben auf der Erde außerordentlich wohltuend ist, fruchtbarkeitsfördernd; hier als Abendstern.

Zodiakus: Stier

Gesundheitsstrotzend und frei dahinstürmend wie der wilde Stier, seiner Kraft gewiß und unaufhaltsam.

Element: Erde
Die Erde als Ernährerin, als Mutter allen Lebens, mit nicht versiegenden Kräften, freigebig und edel; die Heimat der Menschen.

Bodenschatz: Smaragd
Ein Edelstein, der im Boden gefunden wird, von hellgrüner bis bläulicher Farbtönung, an Schönheit kaum zu übertreffen.

Farbe: Grün
Das satte Grün der Natur, der Felder und Wälder, die Farbe des Lebens; bei den Arabern in besonderem Maße, denkt man allein an das Grün einer Palme inmitten des endlosen gelben Sandes.

Wochentag: Freitag
Es ist der Tag des Erfolges, wenn die Ernte nach einer langen Arbeitswoche eingebracht wird.

Tageszeit: Abend
Von den beiden Zeiten, zu denen die Venus scheint, ist hier der Abend gewählt, denn erst am Abend stellt sich der Sieg ein, um den am Tag gekämpft wurde. Der Augenblick, da die Sonne sich senkt und die Hände nach getaner Arbeit ruhen, gehört zu den angenehmsten Momenten im Leben.

Beruf: Regierende, Direktoren und Hirten
Der Sieg steht den Mächtigen zu, den Herrschern und Lenkenden; im engeren Sinne wird das Zeichen darum auf König und Adlige, Präsidenten und Feldherren bezo-

gen. Doch des weiteren kann man alle jene dazuzählen, die an dieser Macht teilhaben oder in geringerem Maße tonangebende Personen sind: Direktoren und Gruppenleiter.

Es sind hier auch die Hirten angesprochen, die in der Antike oft mit Königen verglichen wurden.

Das Zeichen wirkt günstig für alle, die eine leitende Position erlangen.

Krankheit und Heilung: Herz, Kreislauf; frisches Kraut
Wenn jemand unter diesem Zeichen krank ist, dann nimmt man an, das Herz ist angegriffen oder der Kreislauf gestört.

Zur Heilung werden frische Kräuter, Gemüse und junge Wurzeln angeraten, möglichst roh oder gedünstet. Bei der Auswahl soll man grünes Kraut, vor allem Blätter, bevorzugen. Auch Knospen, Keime und junge Schößlinge sind von guter Wirkung.

Psychologische Auswertung
Mit dem Siegeszeichen wird ein Charakter von edler und hoher Gesinnung beschrieben. Sein Wesen strahlt Sicherheit und Vertrauen aus. Allen sichtbar setzt er seine Kräfte für hohe Ideale ein. Er ist für alles Gute empfänglich, allem Schönen zugewandt, mit sicherem Wissen und einer unbeirrbaren Zielstrebigkeit ausgestattet. Dadurch setzt er sich gegen seine Widersacher durch, überwindet sie und erlangt harmonische Erfüllung seiner Wünsche. Anderen erscheint er als Muster des Glücks und der Zufriedenheit.

Als ausgesprochen mutiger und naturverbundener Mensch ist hiermit der Forscher und Entdecker herausgestellt, der für die Jugend aller Zeiten das erwählte Ideal war.

So werden durch dieses Zeichen die edlen Absichten im Menschen aufgerufen, seine Fähigkeit, sich aus niederen Umständen auf höhere Ebenen zu erheben. Durch die Ausrichtung auf die höchsten Ziele gelingt der Sieg über die niedere Natur, die nur von Instinkten und Trieben regiert wird.

Dem Fragesteller eröffnet sich eine gute Perspektive. Von der Fülle seiner geistig-seelischen Kräfte strömt ihm die Energie zu, Tiefpunkte des Lebens zu überstehen und mit Ausdauer und Zähigkeit vorwärtsweisende Schritte zu unternehmen. Allerdings sollte er nicht auf den materiellen Erfolg warten, der mit diesem Zeichen ebenfalls verbunden ist, sondern sich vertrauensvoll auf den darüber hinausweisenden Weg begeben und mit Freude dem Aufstieg in geistige Bereiche widmen, der unter diesem Zeichen möglich wird.

Liebe: Heirat und Ehe

Dies ist der Augenblick, eine Ehe zu schließen. Für die Verheirateten gilt, daß die Ehe Fortbestand haben wird gegen alle Hindernisse.

Eine neu geschlossene Freundschaft wird sich festigen.

Das Liebesverhältnis ist von Geist und Gefühl durchdrungen, die triebhaften und materiellen Beweggründe spielen keine Rolle. Unter diesen Voraussetzungen sind gegenseitiges Verständnis, Hochschätzung des anderen und selbstlose Liebe möglich. Die Gemeinschaft wird gedeihen.

Mystik: hohes Ziel

Dieses Zeichen bringt einen entscheidenden Fortschritt auf dem Weg zur Selbstverwirklichung. Ein hohes Ziel wurde erreicht, eine Stufe erklommen, von der man nicht mehr herunterfällt.

Sowohl Wissen und Erkenntnis als auch Liebe und Glaube sind die Kräfte, die dieses Ziel erreichen lassen. Der »Sieg« über die niederen Regungen ist errungen.

Lehrer werden durch ihr Vorbild glänzen, Schüler werden vollkommen in der Nachahmung der Meister sein.

Das Bild der Sandfigur ist eine Siegesstandarte (s. S. 121), die zum Himmel aufragt. Sie zeigt die Harmonie von Geist und Seele an, die über die materiellen Kräfte herrscht.

ZEICHEN 12

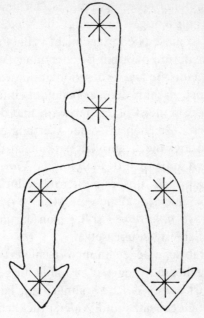

Verlust
lat. fortuna minor (das kleinere Glück)

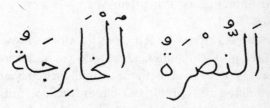

arab. en Nuṣrat el Charidj
(der fortgehende Sieg)

Allgemeine Beschreibung

Drückend heiß wie die Mittagssonne, bevor sie auf ihrer Bahn wieder abwärts sinkt, und furchteinflößend wie der Löwe auf seinem Beutezug ist dieses Zeichen. Es steht im Gegensatz zum vorigen und zeigt die Niederlage an.

Allerdings ist diese Niederlage nicht völlig und nicht unabwendbar, darum paßt die Bezeichnung »Verlust« besser. Der lateinische Name beschönigt den wahren Sachverhalt jedoch zu sehr, denn er bedeutet einfach »kleineres Glück«, wie meist übersetzt wird, und deutet damit an, daß dieses Zeichen in seiner Wertung gemischt ist, wobei allerdings die negativen Wirkungen überwiegen. Ursprünglich entsprach das lateinische Wort *fortuna* allerdings noch nicht unserem Begriff »Glück«, sondern bedeutete »Schicksal« ohne eine positive oder negative Bewertung; *fortuna minor* sollte man darum besser als »niedriges Schicksal« übersetzen.

Auch die arabische Bezeichnung verschleiert den Sinn etwas: »Fortgehender Sieg« ist zu milde ausgedrückt. Inhaltlich weist dieses Zeichen nämlich auf Feindseligkeiten hin, auf Gegensätze und Widersprüchliches. Die angekündigte Feindschaft bringt Not und Elend mit sich, besonders auch Ungerechtigkeit, Neid und Verrat. Die Grundstimmung wird mit dem Wort »Trauer« gekennzeichnet.

Arabische Autoren betrachten es als einen Hinweis auf Sklaverei, also Abhängigkeit; sie sehen es in Zusammenhang mit den großen Lasttieren, vor allem den Kamelen, die von ihnen als Sinnbild der Unterdrückung aufgefaßt wurden, denn Unterdrückung ist schwer zu ertragen wie eine Last.

Der maghrebinische Scheich Chalf el Berbery, der wohl –

wie sein Name schon sagt – selbst Berber war, nennt das zwölfte Zeichen »Agelid«, das heißt »König«, denn es ist »wie die Sonne, der König der Gestirne, und wie der Löwe, der König der Tiere«; dem freien Berber der Gebirge war es in früheren Zeiten ein schwer zu ertragender Zustand, unter einer Königsherrschaft zu leben.

Aber dieses Zeichen hat nicht nur negative Auswirkung, sondern – wie Sonne, Löwe und König – auch günstige Aspekte. Das mag unter anderem an seiner Stellung, der zwölfte Platz, liegen, denn die Zwölf wird in vielfacher Hinsicht als positive Zahl angesehen, weshalb auch die lateinische und arabische Bezeichnung auf die milde Form des Verlustes hinweisen.

Die Abschwächung besteht darin, daß der Zustand als vorübergehend angesehen wird: Die Unterdrückung dauert nicht ewig, ihr Ende ist schon abzusehen. So muß man sich auch vorsehen, wenn dieses Zeichen materiellen Gewinn bringt, denn dieser ist nur von kurzer Dauer, nur scheinbar und nur äußerlich.

Planet: Sonne

Dies ist die weniger angenehme Wirkung der Sonne, ihre versengende Hitze am hohen Mittag, dem Orientalen besser bekannt als uns. Aber der Zustand währt nur eine kurze Zeitspanne, denn bald beginnt der Abstieg des Sonnenlaufs, die Milderung kündigt sich schon an.

Zodiakus: Löwe

Hier wird der schwere Charakter des Löwen hervorgehoben, seine Herrschsucht und Eitelkeit, die beide nicht auf Wesentliches oder Dauerhaftes gerichtet sind, aber vielen Menschen Verderben bringen können.

Element: Feuer

In diesem Falle könnte man von einem Strohfeuer sprechen, hoch aufflammend mit hellem Schein, das bald niedergebrannt ist.

Bodenschatz: Bronze

Der Zustand ist von gemischter Natur wie die Bronze, die aus Kupfer und Zinn hergestellt wird und im Zeitalter der ersten Könige der Menschheit das Mittel zur Macht und darum Kennzeichen der Unterdrückung gewesen war.

Farbe: Gelb

Der Gefühlswert der gelben Farbe ist ungewiß, meist jedoch negativ, an Neid und Eifersucht erinnernd.

Wochentag: Sonntag

Bald ist der Glanz dieses schönen Tages vorbei, die Arbeitswoche steht bevor. Dem kurzen Sonntag gegenüber haben die weniger sorgenfreien Wochentage ein größeres Gewicht.

Tageszeit: Mittag

Es ist höchste Mittagszeit, zwölf Uhr, ein kurzer Augenblick. Bald beginnt der Nachmittag.

Beruf: Repräsentanten an den Hebeln der Macht

Oberbegriff für diese Berufsgruppe ist der König mit seinem glanzvollen Auftreten und Anspruch auf absolute Herrschaft. Oft jedoch ist er nur eine Puppe, die von anderen, versteckten Personen an Drähten gezogen und nach deren Willen über kurz oder lang wieder abgesetzt wird. Ebenso wird der orientalische Wesir beschrieben, der von der Willkür seines Kalifen abhing, oder der Richter einer großen Region, der oft nur wenige Monate sein Amt ausübte, bevor ihn der Herrscher gegen einen anderen auswechselte.

Dies läßt sich ohne weiteres auf unsere moderne Regierungsform übertragen, wo meist im Rhythmus von vier Jahren die Posten wechseln, wo Glanz und Macht nur von kurzer Dauer sind.

Im weiteren Sinne kann man es als Hinweis auf die Spitzenberufe im Showbusineß beziehen, auf diejenigen Stars in Film und Fernsehen, die mit größtem Prunk für einen kurzen Zeitraum aufstrahlen.

Das Zeichen ist allen günstig, die sich für eine befristete Zeit in Abhängigkeit begeben, also auch für Saisonarbeiter, Hilfskräfte und dergleichen.

Krankheit und Heilung: kurze Erkrankung; Hitze

Dieses Zeichen deutet auf eine kurze, schwer erscheinende, aber nicht lebensgefährliche Erkrankung hin, die sich als kurzes hohes Fieber, als Entzündung einer Wunde, als Krampf oder Anfall zeigen kann. Meist befällt sie den Kopf oder die Brust. Typische Erkrankungen sind Scharlach und Röteln, auch Mumps und Malaria.

Da die Krankheit bald vorübergeht, sind keine besonderen Heilmittel nötig. Manchmal wird jedoch die Anwendung von Hitze vorgeschlagen, so vor allem auch das künstliche Auslösen eines Fieberstoßes, wenn die Krankheit diesen nicht von selbst hervorgebracht hat.

Psychologische Auswertung

Der Menschentyp, der durch die »kleinere *fortuna*« dargestellt wird, trägt zwar ein glänzendes Gewand, doch dies mit der Absicht, seine Schwäche zu verdecken. Es handelt sich um eitle Menschen, die mit Aufgeblasenheit und Prunk ihre innere Leere umhüllen. Durch tönende Reden und gestenreiche Schauspielerei täuschen sie ihre Umgebung über die eigene Hohlheit hinweg.

Die angenehmen Seiten dieses Charakters verdienen es, erwähnt zu werden: eine gewisse Leichtlebigkeit, dem Augenblick zugewandt; ein schöpferisches Element, das die Mußestunden bereichert; Eleganz und strahlendes Aussehen; auch Elan und Kraftentfaltung für materielle Ziele.

Dagegen wirken die negativen Aspekte fast verzeihlich, doch sind sie letzten Endes die bestimmenden Faktoren des Gesamtbildes: Da ist vor allem auf die Unehrlichkeit des Charakters hinzuweisen, die eine schlechte Grundlage für jedes Unternehmen von Dauer sein muß; ferner auf die Abhängigkeit von seiner Umgebung, die einen »Höhenflug« unmöglich macht. Da die sexuellen Begierden überwiegen, unterbinden sie eine seelisch-geistige Entwicklung der Person und behindern eine aufrichtige Partnerschaft sowie im weiteren Sinne jede Art von zwischenmenschlichem Austausch. Als Motto könnte man hier sagen: »Der Schein trügt.«

Liebe: Verliebtheit

Ganz entsprechend dem Charakter dieses Zeichens ist auch die Liebe zu sehen, die sich in solchen Momenten ereignet: eine kurze Verliebtheit, im Augenblick von großer Bedeutung, doch bald schwächer werdend und nach einiger Zeit vergessen.

In der Ehe entsteht Schaden durch mangelnde Aufmerksamkeit, zu kurzes Beisammensein und den Versuch, den anderen zu beherrschen.

Wer seine wahren Beweggründe nicht zeigt, sondern durch hochtrabende Reden übertönt, wird keine dauerhafte Freundschaft begründen können.

Mystik: die erste Stufe der Einweihung

Noch ist alles auf Materie und Trieb gegründet; Seele und Geist sind noch schwach wie bei einem, der nicht gewöhnt ist, für längere Zeit den Zustand der Erleuchtung zu ertragen. Es beschreibt den Schüler, der seine erste Erfahrung mit der Weisheit gemacht hat und nun eher dazu neigt, sich vom Wege abzuwenden, weil er glaubt, das höchste Erlebnis gehabt und keine weitere Schulung mehr nötig zu haben. Wer sich dieser Täuschung hingibt, wird den Verlust erleiden, den das Zeichen anzeigt.

ZEICHEN 13

Volk
lat. populus

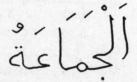

arab. el Djema'a (die Gemeinde)

Allgemeine Beschreibung

Dies ist ein angenehmes Zeichen, das bedingtes Glück verspricht. Es wirkt aber auch verstärkend, indem es dem Unglücklichen mehr Unglück bringt, während es dem Erfolgreichen jedoch zum Guten ausschlägt.

So läßt sich im allgemeinen sagen, daß es auf naheliegendes Glück hinweist, das nicht allzu lange währt. Wer sich um Gewinn bemüht, wird ihn erlangen. Da es aber nur eine beschränkte Wirkung für das Glück mit sich bringt, zwingt es zu steter Wachsamkeit.

Ein gewisses Gepränge und Gedränge ist aus dem Bild dieses Zeichens schon zu erkennen, eine gegenseitige Verstärkung, wie sie durch den Namen »Volk« oder »Gemeinde« angezeigt wird. Darüber hinaus zeigt es ein positives Ergebnis für alle Verbindungen an, für Handel, Begegnungen und Reisen, sofern sie öffentlich und groß angelegt sind.

Die Ungewißheit bleibt bestehen, denn so, wie die Masse des Volkes von unvorhersehbarer Bewegung sein kann, so ist auch die Wirkung dieses Zeichens. Bereitschaft zum Opfer und allzeitige Aufmerksamkeit sind gefordert.

Breite Straßen, öffentliche Plätze, Versammlungshallen und ganz allgemein Städte gelten als die bevorzugten Orte für dieses Zeichen.

Meist ist es nicht leicht, einen Überblick zu gewinnen, die Ordnung im Zusammenspiel der Kräfte ist nicht erkennbar. Dagegen bringt es die Fülle der Meinungen und Vorschläge, aus denen eine positive Einstellung entstehen kann, wenn die Grundlagen positiv waren.

Planet: Merkur

Der Planet, der der Sonne am nächsten steht, wurde von den antiken Astrologen für alle Bereiche öffentlichen Lebens verantwortlich gemacht. Ganz besonders begünstigt er den Handel und die Reisen auf großen, breiten Straßen.

Zodiakus: Jungfrau

Dieses Tierkreiszeichen ist mit der großen Volksmenge verbunden, die Erdmutter der frühen Menschen. Bei den Arabern ist es das Zeichen »Kornähre«, das erst einen Zusammenschluß zu geordneten Staatswesen möglich machte, als in der Jungsteinzeit der Anbau des Getreides eine Gemeinschaft mit langfristiger Planung ermöglichte.

Element: Erde

Das Volk ist mit der Erde verbunden, die es bebaut. Und die feuchte, kühle Erde ist es, die die Gesamtheit des Lebens ermöglicht, undurchschaubar, stärkend.

Bodenschatz: hellblaue Edelsteine

Obgleich nicht alle Angaben übereinstimmen, läßt sich eine gewisse Gemeinsamkeit erkennen: Hellblaue Edelsteine wie Aquamarin und allgemein Beryll, ferner auch Saphir, Türkis und Lapislazuli, werden am häufigsten genannt.

Farbe: Blau

Das Hellblau oder Himmelblau als Vereinigung aller vom Licht durch die Atmosphäre gedrungenen Farben ist Kennzeichen dieses Zustandes: weit geöffnet und unbestimmt.

Wochentag: Mittwoch

Mitten in der Woche, allen Einflüssen offen, Tag des regen Handels und Verkehrs.

Tageszeit: ungewiß

Jede Tageszeit kann günstig wirken, auch die Nacht. Man sollte dabei auf die frühere Vorliebe achten, denn sie wird durch dieses Zeichen verstärkt.

Beruf: Händler

Alle Arten von Handel werden stark begünstigt, und ganz besonders die Großhändler. Einen weiteren Sonderfall bilden die Versteigerungen und jede Art von Verkauf, der unter Mitwirkung einer großen Öffentlichkeit stattfindet. Auch Glücksspiele auf Jahrmärkten werden hier angesprochen. Meist ist der Gewinn nur kurzfristig und nur äußerlich, das heißt, einen tieferen Nutzen kann man nicht aus diesen Tätigkeiten ziehen. Der Überblick über die Weiterentwicklung fehlt.

Aus diesen Angaben der arabischen Schriftsteller kann man schließen, daß Spekulationen an der Börse eine gewisse Begünstigung durch dieses Zeichen erhalten, jedoch auf längere Sicht keinen wirklichen Gewinn bringen.

Vereinigungen, Handelsgesellschaften und Verteilung des Gewinns sind die hier angezeigten Formen, unter denen der Handel stattfinden sollte.

Ein Zusammenschluß mit Gleichen zum Zwecke der Güterverteilung wird angeraten.

Krankheiten und Heilung: Ansteckung; Besprechen, Handauflegen

Das Zusammenleben mit vielen Menschen bringt eine große Zahl gemeinsamer Krankheiten mit sich, die teilweise jedoch auch als positiv zu sehen sind – nämlich als Reinigung des Körpers und gleichzeitig als Läuterung des Geistes. Das griechische Wort *katárrhous* (Katarrh) beispielsweise bedeutet wörtlich »Herabfluß« (Schnupfen), auch »Reinigung«.

So werden hier vor allem jene Krankheiten erwähnt, von denen die Atemwege betroffen sind: Schnupfen und Husten, auch Grippe und Angina. Die starke Aussonderung von Schleim oder Eiter (bei Wunden) gilt als gesundheitsfördernd.

Andere Fälle, zum Beispiel schwere Krankheiten, die viele Menschen zum gleichen Zeitpunkt befallen (Epidemien), sollen durch Besprechen und Handauflegen geheilt werden. Für die Besprechung gilt allgemein, daß sie mit reiner Absicht erfolgen muß. Und beim Handauflegen ist es wichtig, daß die linke Hand, aus der Kraft ausströmt, auf die kranken Körperpartien gelegt wird.

Psychologische Auswertung

Einen Ameisenhaufen kann man unter zwei verschiedenen Gesichtspunkten betrachten, je nachdem, wie man selbst veranlagt ist: als phantastisch gut durchorganisierte Gemeinschaft von bewunderungswürdiger Vollkommenheit oder als undurchschaubares Wirrwarr, als Chaos im eigentlichen Wortsinn. Tatsächlich gehören diese beiden Ansichten eng zusammen und sind ebensogut auf ein Volk oder auf die Menschheit als Ganzes anwendbar.

Der Charakter, der durch das Zeichen »Volk« beschrieben wird, ist entsprechend zweideutig, die Festlegung zum einen oder anderen Pol geschieht durch den Betrachter. Das ist mit »Verstärkung« gemeint, die durch dieses Zeichen gebracht wird. Je nach den vorliegenden Anlagen wird das dreizehnte Zeichen die Durchführung oder Verhinderung eines Vorhabens bewirken.

So läßt sich dieser Charakter als ungeordnet, verworren und widersprüchlich ansehen, als impulsiv, den jeweiligen Augenblickseinfällen hingegeben, launisch und undurchsichtig; zugleich aber kann man ihn als einen Menschen bezeichnen, der von Ideen übersprudelt, freundlich ist gegen jedermann, allezeit höflich und hilfsbereit, offenherzig und ehrlich in seinem Wesen, dazu auch kräftig und guten Willens.

Die angenehme Seite dieses Charakters mit Gemeinschaftsdenken und sozialem Verhalten wird durch einige weniger wünschenswerte Merkmale beeinträchtigt: seine Zugänglichkeit für jede Art von Betrug, mangelnde Kritikfähigkeit und Standhaftigkeit, dazu auch Geschwätzigkeit und oft Unentschlossenheit.

Dennoch bleibt der insgesamt positive Wert des Zeichens erhalten. Niemand sollte wegen dieser Zweifel die Gutmütigkeit ablegen, sondern im Gegenteil durch die Tugend der Ehrlichkeit und Offenheit zu guten Taten beflügelt werden, denn gerade darin liegt seine besondere Stärke.

Liebe: Nächstenliebe

Wie aus dem gesamten Umfeld leicht zu erkennen ist, handelt es sich hier mehr um eine kollektive oder zumindest um eine nicht personengebundene Hinwendung, also die bei den früheren Völkern so überbetonte Liebe zum eigenen Volk oder der Stadtgemeinschaft. Im weiteren Sinne ist hier an jede Art von Nächstenliebe gedacht.

Selbstlosigkeit und Aufmerksamkeit für die Nöte des anderen gehören zu den großen Tugenden des Menschen. Ohne sie ist eine Gemeinschaftsbildung nicht möglich.

Bei der persönlichen Liebesbeziehung sollte man sich fragen, inwieweit der augenblickliche Zustand nicht vielmehr auf einer allgemeinen Nächstenliebe gründet, ohne daß die besonderen Merkmale des Partners in Betracht gezogen werden. Aus solchen unklaren Gefühlen könnten sich falsche Verbindungen von kurzer Dauer ergeben.

Mystik: Bereitschaft zur Aufnahme des Ganzen

Die grundlegende Einstellung wurde so formuliert: Es handelt sich um eine Folge oder »letzte« Auswirkung einer langen Kette von Ereignissen. Natürlich soll man diese nicht als dauerndes Ergebnis ansehen.

Eine gesunde Bereitschaft, die Gesamtheit aller sich bietenden Möglichkeiten anzunehmen, wird förderlich sein.

In allgemeiner Hinsicht zeigt es den Zustand der Verbreitung des Einweihungswissens an, die Aufnahme der großen Zahl von Seelen und die Gleichheit der Erlösten.

Im besonderen Fall wird auf die Unsicherheit der allgemeinen Sinnbilder, die Unklarheit der weitläufigen Ausdrucksweise und die Vergänglichkeit der zwischenmenschlichen Beziehungen hingewiesen.

Bemerkenswert ist, daß dieses Zeichen die Jetztzeit anspricht, die Moderne, und mehr der materiellen Seite der Dinge zugewandt ist.

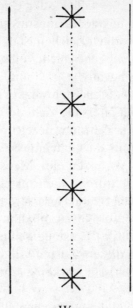

Weg
lat. via

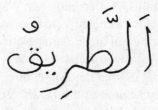

arab. et Tariq
(der Weg)

Allgemeine Beschreibung

Das vierzehnte Zeichen bietet ebenfalls verschiedene Möglichkeiten der Auslegung. Man kann also nicht sogleich erkennen, ob es Glück oder Unglück anzeigt, ob das Vorhaben günstig oder ungünstig ausgehen wird. Als Gegenstück zum vorigen Zeichen ist es eher negativ einzustufen, aber so, wie jenes nicht völlig positiv ist, so ist dieses nicht völlig negativ.

Da es an vierzehnter Stelle steht, hat es etwas vom Glanz dieser Zahl, die seit alters die Zahl der Vollkommenheit ist, sofern sie einen Zeitraum bezeichnet.

Der »Weg« beschreibt die Geheimnisse der Seele, die unausgesprochenen Vorhaben des Menschen. Er bringt Verborgenes zutage, fördert die Entstehung neuer Kräfteverhältnisse, zwingt zum Heraustreten (Geburt) und zeigt an, daß sich etwas Neues anbahnt. So ist es ein Zeichen des Werdens, des Entstehens, der Wandlung und des Unfertigen. In diesem Zustand sind noch viele Möglichkeiten offen, es ist noch keine Entscheidung gefallen.

Darum heißt es, daß dieses Zeichen all jene begünstigt, die etwas Neues beginnen: Wer eine Reise antritt oder einen Heilungsvorgang nach längerer Krankheit in die Wege leitet, ferner Händler, die neue Waren annehmen, und Verliebte, die ihren Herzenswunsch verwirklichen wollen – sie alle stehen unter dem positiven Einfluß dieses sonst auch negativen Zeichens.

Im übrigen besagt es, daß der Augenblick zweifelhaft ist; mutiges Hinausschreiten und tatkräftiger Wille sind nötig.

Planet: Mond

Wie das siebte Zeichen ist auch das vierzehnte vom Mond abhängig, hier jedoch zeigt sich mehr der wechselnde Charakter des Mondes, seine Veränderlichkeit. Er hat in diesem Falle mehr negative Wirkung.

Zodiakus: Krebs

Zum Krebs gehören die Monate Juni und Juli, in denen noch alles im Wachsen und Reifen begriffen, auf dem Wege zur Vollendung ist. Das Tierkreiszeichen Krebs selbst ist doppelgestaltig, hier kommt die negative Seite ins Blickfeld, während es beim siebten Sandzeichen, »Weiß«, die positive Seite war.

Element: Wasser

Auch dem Wasser kann man negative Aspekte zuschreiben – sei es als trübes Wasser ohne einen erkennbaren Grund, Geheimnisse verbergend, oder als reißendes Wasser, das sich seinen Weg bahnt, wobei es Zerstörung anrichten kann. Dennoch werden auch hierbei die günstigen Eigenschaften des Wasserlaufs nicht ganz übersehen.

Bodenschatz: Silber

Das harte Metall Silber, fast unvergänglich und sogar heilkräftig, schützt auf Reisen und begünstigt den Handel. Nur manchmal wird es schwarz.

Farbe: Weiß

Silbrigweiß, schillernd, etwas ungewiß in der Tönung, reflektierend.

Wochentag: Montag

Der Anfang der Arbeitswoche ist ein Zeichen für den Beginn, sei es einer Reise oder einer Unternehmung.

Tageszeit: Morgen

Der frühe Morgen, an dem noch ungewiß ist, wie der Tag sich zeigen wird, günstig für jeden Neubeginn, gehört zu diesem Zeichen.

Beruf: Händler

Das Zeichen »Weg« ist für alle, die gern reisen, ein gutes Vorzeichen. Es fördert die Verbindungen von einem Ende zum anderen. Handel und Verkehr, auch Vermittlungen und Management werden durch dieses Zeichen begünstigt.

Die Ungewißheit des Ausganges ist zwar jederzeit darin enthalten, aber gerade das macht ja einen Teil des Reizes aus, den Reisen und Erkundungen, neue Bekanntschaften und ungewöhnliche Unternehmungen mit sich bringen.

So fördert dieses Zeichen auch den Wechsel der Tätigkeit, der Arbeitsstelle oder des Wohnortes und der menschlichen Beziehung.

Besonders positiv wirkt es auf Seefahrer. Früher war es ein Hinweis auf die Durchführung der Pilgerfahrt.

Krankheit und Heilung: Darm; Wasserkuren

Nach einem traditionellen Schema gilt dieses Zeichen für den Darm, der wohl der längste erkennbare Weg im Körper ist.

Krankheiten sollen vor allem durch Wassertrinkkuren geheilt werden, auch durch äußere Anwendung von Was-

144

ser, speziell von kalten Güssen über den Rücken. Ortsveränderungen, zum Beispiel als Badekur, hilft in vielen Fällen.

Es ist ein günstiges Vorzeichen für eine Geburt.

Psychologische Auswertung

Die Ähnlichkeit mit dem unter dem vorigen Zeichen beschriebenen Charakter ist sehr viel größer, als dies sonst bei den geomantischen Paaren üblich ist. Da beide Zeichen eine gemischte Bewertung enthalten, nähern sie sich stark einander an. Beiden ist die Unbeständigkeit eigen, darüber hinaus die Unpünktlichkeit sowie das sich nachteilig auswirkende Verlangen nach Unabhängigkeit. Das negative Gesamtbild ist dabei überwiegend.

Als positiv lobt man die offene Haltung gegenüber allen neuen Ideen, ungewohnten Gedanken und Vorhaben, den frischen Mut zu weitreichenden Taten. Aus der Unentschiedenheit wird ein Vorteil geschlagen: die Möglichkeit, viele verschiedene Wege zu beschreiten.

Menschen dieser Art leben von der Hoffnung auf die Zukunft, sie fürchten die Ungewißheit des Kommenden nicht, im Gegenteil: Das Unvoraussehbare reizt sie zu freien Handlungen, deren Erfolg sich vielleicht erst viel später einstellt. Dazu gehört eine ständige Bereitschaft zur Kommunikation mit der Umwelt, vorurteilslos und uneigennützig.

Daß die Einschätzung der Vergangenheit darunter leidet, ist verständlich und bringt Nachteile mit sich; dennoch kann die Kraft, neue Ideen aufzunehmen und auszuführen, diesen Nachteil aufwiegen, indem durch mutiges Voranschreiten das Vorhaben zur Durchführung gelangt.

Der Wunsch nach Fortpflanzung, der meist unterbewußt und verschüttet war, wird durch dieses Zeichen im Fragesteller zur Bewußtseinsebene erhoben. Das bestimmende Wort für diesen Charakter lautet: »noch unfertig«.

Liebe: Wechsel der Beziehung

In der Liebesbeziehung wird Veränderung angezeigt, was nicht unbedingt einen Wechsel der geliebten Person, sondern oft einen Wechsel der Verhaltensformen auslöst.

Es gilt als günstiges Zeichen für den Beginn einer Ehe oder Freundschaft, wenn es auch nicht den augenblicklichen Erfolg anzeigt, sondern mehr die positiven Umstände, die dahin führen. Da noch alles im Fluß ist, bleibt der persönliche Einsatz erforderlich.

Es weist ferner darauf hin, daß Liebe ein länger währender Zustand ist, der nicht aus flüchtigen Augenblicken erwächst.

Mystik: Bereitschaft zum Aufstieg

Durch das Zeichen »Weg« werden nicht die Meister beschrieben, sondern die Schüler, die Initianden, jene, die sich auf den Weg begeben haben. Hierzu sind Entschluß und Willenskraft nötig.

Wie der Flußlauf und der Kanal stets von Wegen an ihren Ufern gesäumt sind, so ist auch der Lauf der geistigen Kraft von Wanderern begleitet, die ihm folgen und sich seiner Führung anvertrauen. Noch ist das Ziel nicht wirklich bekannt, nur das Bewußtsein des Aufstieges setzt sich durch.

Der Weg verbindet – bildlich gesprochen – das Oben und

Unten, einen Anfang und ein Ende. Er ist schmal in seiner ganzen Länge, gerade und eine fortgesetzte Folge
von Zuständen: Vom Materiellen führt er über das Sinn-
liche zum seelischen und geistigen Bereich.

ZEICHEN 15

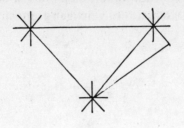

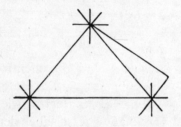

Treffen
lat. coniunctio

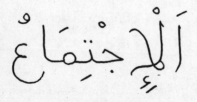

arab. el Idjtima'a
(die Versammlung)

Allgemeine Beschreibung

Es ist ein ganz und gar positives Zeichen, das allgemein das menschliche Streben fördert. Man nennt es auch »Haus der Hochzeit« und »Haus der Hoffnung«, denn es verhilft dazu, die Türen zu öffnen, die Liebenden zusammenzubringen und Einigkeit unter den Versammelten zu erzielen.

Es begünstigt die Entschlußkraft eines Menschen und gilt darum als gutes Vorzeichen für alle Unternehmungen, besonders für Reisen und zum Heiraten.

Im Hause verspricht es Einigkeit, Glück und Freude, auch Zuwachs seiner Bewohner, besonders Kindersegen. Da es jede Art von Veränderung fördert, zeigt es Heilung bei Krankheiten an.

Bildlich gesprochen ist es ein Zusammentreffen von zwei Polen, die sich gegenüberstehen: Der materielle und der geistige Bereich berühren sich. Begriffe wie Versöhnung, Ausgleich und Vereinigung beschreiben den Zustand am genauesten.

Bei Problemen wird eine Öffnung nach außen vorgeschlagen, ein Zusammengehen mit anderen Menschen, gegenseitiges Abstimmen der Ziele und der Zusammenschluß vieler zu einem Bund. Jede Art von Öffentlichkeit der Entschlüsse und Gemeinnützigkeit des Erworbenen sind das Gebot.

Planet: Merkur

Merkur begünstigt die Reisen und den Handel, er ist der Bote der Götter, der Nachrichten übermittelt und Verbindungen herstellt.

Zodiakus: Zwillinge

Die beiden Zwillinge Castor und Pollux sind gewiß ein passendes Sinnbild für die Vereinigung; in älteren orientalischen Texten war die Zweipoligkeit noch stärker erkennbar, da es sich bei den Zwillingen um einen Jungen und ein Mädchen handelte.

Element: Luft

Hier sind die rein positiven Eigenschaften der Luft betont: das offene Element, das alles durchdringt und belebt.

Bodenschatz: Quecksilber

Das leicht bewegliche Quecksilber breitet sich nach allen Seiten hin aus, »quicklebendig«.

Farbe: Grau

Bei der geringsten Abtönung kann das Grau leicht jeder Art von Färbung zuneigen.

Wochentag: Mittwoch

Nicht an den äußeren Enden, sondern in der Mitte der Woche liegt der günstige Zeitpunkt dieses Zeichens.

Tageszeit: Abend

Der Abend, Verbindung zwischen Tag und Nacht, ist der günstige Augenblick für Versammlungen, Besuche oder das Treffen der Liebenden.

Beruf: Vermittler

Jede Form der Vermittlung zwischen den Menschen ist von diesem Zeichen bevorzugt: Herausgeber von Büchern und Zeitschriften, Agenten von Musik und Film, Advokaten, Makler, Vertreter und ähnliche Berufe werden unter dem fünfzehnten Zeichen Erfolg haben.

Im weiteren Sinne gehören auch Köche und Bäcker und viele Arten von Verkäufern hierzu.

Leichte Beweglichkeit ist ein wichtiges Merkmal dieses Zustands, darum deutet das Zeichen Berufsveränderung, Beförderung und Ortswechsel an.

Im engeren Sinne werden besonders die Berufe im Nachrichtenverkehr, Postwesen und Informationsbereich zu diesem Zeichen gerechnet.

Krankheit und Heilung: Lunge; Düfte

Chronische Leiden der Atemwege, Lungenkrankheiten und ähnliches fallen unter diese Rubrik.

Als bestes Heilmittel wird Luftveränderung vorgeschlagen, das Aufsuchen eines Luftkurortes sowie freie Bewegung in der Natur.

Wer dazu nicht in der Lage ist, soll durch spezifische Gerüche einiger Pflanzen oder auch tierischer Erzeugnisse neue Kräfte schöpfen. Manche Blumendüfte tragen in ganz erstaunlicher Weise zur Heilung bei.

Bei Versammlungen brennt man Weihrauch an, denn er reinigt und belebt und fördert dadurch das gute Einvernehmen aller Anwesenden.

Im übrigen gilt dieses Zeichen als gutes Omen, da es baldige Genesung voraussagt.

Psychologische Auswertung

Der Charakter, der durch das Zeichen »Treffen«, »Zusammentreffen« vorgestellt wird, ist von doppelter Natur, harmonisch ausgewogen und äußerst sympathisch.

Ein fester Standpunkt und ein gut entwickelter Geist begegnen sich hier zu einem zusammengesetzten Wesen, das leicht für neue Ideen zu gewinnen ist. Diese Menschen lieben die Veränderung, streben Geselligkeit an und erfüllen gern soziale Aufgaben.

Die hervorragenden Kennzeichen dieses Charakters sind Frohsinn, Mut, Willensstärke und Aufgeschlossenheit. Dieses Zeichen zeigt uns aktive Menschen, oft sogar schöpferische, mit feinem Gefühl für Ästhetik, zuweilen auch glänzende Mathematiker, auf jeden Fall mit einem gewissen Vorausblick begabt.

Was sie sich vornehmen, gelingt ihnen, weil sie eine solide Basis haben und von vernünftigen Gedanken geleitet werden. Gemeinsinn und Toleranz, Großzügigkeit und versöhnliches Auftreten im Umgang mit ihren Mitmenschen machen diesen Charaktertyp zu einem begehrten Partner und Helfer.

Das Fehlen übermäßiger Triebkräfte wirkt sich positiv auf das Zusammenleben aus. Der gewonnene Reichtum erleichtert das Leben in Gemeinschaft. Der Fragesteller soll eine Bestätigung seiner Fähigkeiten und Anlagen aus diesem Bild ziehen und seine Ziele weiterhin verfolgen.

Liebe: Vereinigung

Das fünfzehnte Zeichen ist ein genaues Sinnbild für die Vereinigung der Liebenden, besonders auch im sexuellen Sinne. Es fördert also das Treffen der Liebenden, den Liebesakt und die Befruchtung. Hochzeit und Kindersegen sind die Höhepunkte, die es voraussagt.

Desgleichen fördert es die Freundschaft im engeren Sinne wie auch das innige Verständnis vieler, die sich zu gemeinsamem Handeln verbinden.

Wenn Streit das Zusammenleben schwierig machte, kündigt sich nun Versöhnung an. Eine Öffnung zum Partner oder der Gruppe wird angeraten. Aus der Gegenüberstellung der Ansichten ergeben sich Vorteile für beide Seiten.

Mystik: Ausgleich
Gefühl und Trieb sind überwunden, Geist und Materie treffen sich. Dies ist ein günstiger Augenblick des Ausgleichs zwischen den entgegengesetzten Polen des geistigen Ringens. In der Meditation wird diese Ausgeglichenheit am besten erreicht.
Die Weitergabe der Lehre ist für alle wünschenswert. Zwischen Lehrern und Schülern wird ein segensreiches Verhältnis bestehen, das in beiden Richtungen Erfolg bringt. Bildlich gesprochen wird das Entgegenkommen von Himmel und Erde veranschaulicht durch die beiden Pyramiden, die sich an ihren Spitzen berühren (s. S. 148).

ZEICHEN 16

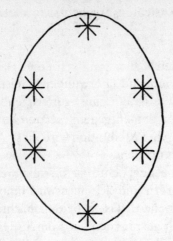

Gefängnis
lat. carcer

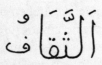

arab. *et Taqaf*
(Berichtigung, Korrektur)

el ‘Oqla
(Fußfessel)

el Ḥarudj *(Enge)*

Allgemeine Beschreibung

Der Gesamtzustand ist negativ, in sich selbst verschlossen, unfrei. Bewegung und Kontakte sind gehemmt.

Die lateinische Bezeichnung *carcer* wie auch unser Wort Kerker bedeuteten ursprünglich nur eine Ummauerung, einen Steinwall. Insofern wird mehr die Begrenzung ausgedrückt als die Vorstellung von einer Bestrafung.

Das arabische Wort *Taqaf* hat jedoch diesen Sinn, wobei der freie Wüstenbewohner, der keine Gefängnisse kannte, eher an eine korrigierende Bestrafung dachte, die auf lange Sicht ihren positiven Wert zeigen wird. Mit dem anderen arabischen Wort, *'Oqla* (Scheich Radjuz und viele andere verwenden es), wird die Fußfessel beschrieben, mit der man Reittiere und Sklaven daran hinderte, sich allzu weit vom Ort zu entfernen. Auch hier handelt es sich also um eine notwendige Einengung von vorübergehender Dauer. Die Bezeichnung *Harudj* im Buch des Zanaty umfaßt allgemein den Zustand als »Enge«.

Das Zeichen sagt Unglücksfälle im Leben an, Unachtsamkeit und Verlust, die Aufgabe eines Unternehmens, das Abbrechen einer Reise, längere Verwirrung des Geistes, Angstzustände, Täuschungen und Lügen.

Die äußeren Kennzeichen sind Schweigen und Sprachlosigkeit sowie Schwierigkeiten in der Kommunikation mit anderen Menschen.

Wer Mut hat, sieht diesen schweren Zustand der Unfreiheit nicht als unabänderlich an, sondern als vorübergehende Berichtigung einer falschen Einstellung zur Umwelt. Er wird die Zeit nutzen, in der Abgeschlossenheit die Voraussetzung für seine Befreiung zu schaffen.

Darum rät Scheich Qorschy: Wenn dir in diesem Zustand

etwas aus der Hand genommen wird, dann versuch nicht, es zurückzuhalten oder zurückzubekommen! Beginn zu jenem Zeitpunkt keine neuen Bewegungen, mach keine Reisen, und schließe keine neuen Bekanntschaften! Ferner warnt er vor dem Übel im eigenen Hause, vor neidischen Mitmenschen, vor Betrug und Hinterhalt. Seine Mahnung: Bleib bedächtig und übe Geduld, bis dir der Herr der Welten eine glücklichere Stunde schickt! Jedenfalls soll man sich von diesem Zeichen nicht betrügen lassen, nicht an diesem Zustand festhalten und in dieser Beengung keine Entscheidung treffen.

Planet: Saturn
Sein hindernder Einfluß bringt manches Vorhaben zum Scheitern. Er ist der sonnenferne Planet, von einem breiten Ring umgürtet.

Zodiakus: Wassermann
Auf manchen alten Holzschnitten ist der Wassermann nicht als Person zu sehen, sondern nur sein Gefäß, das Wasser enthält. Positiv daran ist, daß er das Wasser ausgießen wird.

Element: Luft
Es wird die Hoffnung ausgedrückt, daß der Zustand der Eingeschlossenheit vorübergeht.

Bodenschatz: Türkis
Der blaugrüne Türkis, der in der Erde eingeschlossen ist. Viele Schriftsteller nennen hier das schwarze Blei.

Farbe: Blau

Meist erscheint uns der ferne Horizont, der den Blick ein-
engt, in blauer Tönung. Einige Autoren nennen Schwarz
als Ausdruck für die Enge des lichtlosen Kerkers.

Wochentag: Sonnabend

Es ist das Ende der Woche, ihre Grenze, ihr Abschluß.
Handel und Verträge müssen verschoben werden.

Tageszeit: Zwielicht am Abend

In diesem Augenblick ist es ungünstig, die Reise fortzu-
setzen oder eine neue Arbeit anzufangen; die Hände ruhen für eine Weile.

Beruf: Handwerker und Krankenpfleger

Den freien Beduinen waren alle Arbeiten, die sich in einem engen Raum abspielen, ein Greuel. Niedere Hand-
werksarbeiten ließen sie meist von Sklaven ausführen.
Im modernen Sinne könnte man hier alle Fabrikarbeiter
mit einschließen. Ihre Situation ist wenig erfreulich und
nicht sogleich zu verändern. Erst auf lange Sicht kann sie
sich verbessern.
Ferner werden Krankenpfleger und Gefängniswärter
hierzu gerechnet. Die Schwere ihres Berufs fordert Geduld und Ausdauer.

Krankheit und Heilung: Steinleiden; Gebet

Zum Bild des Eingeschlossenseins gehören Nierensteine
und ähnliche Störungen der Harn- und Gallenwege. Eine
schnelle Heilung ist nicht in Aussicht.

Mildtätigkeit und Gebet sind die besten Heilmittel für diese Zustände der Beängstigung und der Koliken.

Das Zeichen weist auch auf das Kind im Mutterleib hin.

Psychologische Auswertung

Der durch das Zeichen »Gefängnis« angezeigte Charakter ist ein recht genaues Gegenstück zum vorigen, doch lassen sich bei näherem Hinsehen auch einige positive Eigenschaften aufzählen. Neben den offensichtlich bedrückenden Eigenschaften bleiben nämlich bemerkenswerte Vorzüge, die Hoffnung auf Befreiung erwecken.

Wenn zum einen die Verschlossenheit dieses Charakters mit all ihren schweren Folgen vorherrscht, nämlich seelischem Alleinsein, Unfähigkeit zum Gespräch und Gedankenaustausch, Unbeweglichkeit in geistigen wie materiellen Dingen und Abhängigkeit von den eigenen Trieben und Instinkten, so liegt doch zum anderen auch eine Stärke darin: Diese Menschen leben geschützt, wohlbewahrt, gesund und selbstgenügsam; sie sind es gewohnt, Geheimnisse zu bewahren, und wirken im stillen für ein – meist sentimental überbetontes – Ziel.

Das Eingeengtsein erlaubt diesen Menschen zwar keinen weiten Ausblick, aber die bemerkenswerte Starrheit dieses Charakters führt doch schließlich zu greifbaren Erfolgen. Die Ergebnisse sind meist nur von kurzer Dauer, Vergänglichkeit ist ihnen eigen, auch sind sie oft ungeordnet und sogar beziehungslos zu ihrer Umwelt, denn dies ist im Sinnbild des Kerkers ausgedrückt. Doch kann durch das Beharren auf dem eigenen Schwerefeld, das diesem Typus eigen ist, und durch den persönlichen Einsatz recht oft auch eine Verbesserung der Bedingungen erreicht werden.

Der Fragesteller sollte sich vor Augen halten, daß sein Zustand nicht endgültig ist, sondern nach dem erforderlichen Reifeprozeß in einen neuen, viel besseren umschlagen wird.

Liebe: Selbstsucht

Hier wird der Egoismus in seiner negativen Form beschrieben, die Eigenliebe und alle damit zusammenhängenden Verirrungen, Sucht der Selbstbefriedigung, Absonderung von den Mitmenschen.

Es deutet die Trennung von der geliebten Person an, Vereinsamung im Alter und damit verbundene Hilflosigkeit.

Gefühl und Sexualtrieb sind übermächtig, während die Selbstbeherrschung und der Wille zu höheren Zielen geschwächt sind. Es fehlt eine Hinwendung zu anderen Personen.

Mystik: Askese

Enthaltsamkeit ist kein Selbstzweck, sondern eine zeitweise Lebensform. Sie besteht nicht nur im Fasten und sexueller Enthaltsamkeit, sondern auch im Schweigen, in Selbstbesinnung und Meditation für längere Zeit.

Dieses Zeichen zeigt an, daß der Geist noch nicht auf ein sicheres Ziel gerichtet ist; sowohl der Weg als auch der Standpunkt sind noch ungewiß. Durch den Rückzug auf das eigene Kräftefeld wird allmählich eine Grundlage geschaffen, die der Höherentwicklung dienlich ist.

URSPRUNG UND ENTWICKLUNG

Das geomantische Verfahren ist ein Hilfsmittel zur Erkenntnis des augenblicklichen Seelenzustandes, das heißt zur psychologischen und somatischen Diagnose. Durch die geomantische Handlung wird die im Fragenden verborgene Einstellung bloßgelegt, woraus sich Hinweise auf Krankheiten, heimliche (unbewußte) Zielsetzungen oder verborgene Fähigkeiten aufzeigen lassen.

Dieses Orakelsystem läßt sich nicht auf eine Gemeinschaft, schon gar nicht auf ein Staatswesen anwenden (etwa in dem Sinne, in dem die Etrusker die Leberbeschauung oder die Römer die Vogelschau für das Volk oder den Stadtstaat anwendeten), sondern gibt ähnlich wie die Astrologie oder die Feuerprobe nur den Zustand eines einzelnen wieder: Sie läßt sich nur auf Individuen anwenden. Gerade darum ist sie höchst geeignet zur Selbstausführung. Wer die Deutung der Zeichen auswendig kann oder in einem Buch nachlesen kann, ist auch in der Lage, seine Antwort mittels der Geomantik selbst zu finden – ohne Mithilfe eines Sehers, einer Pythionisse oder eines Priesters.

Diese und manche andere Eigenart, die schon erwähnt wurde, weisen deutlich darauf hin, daß es sich bei der Geomantik um eine der ältesten Orakeltechniken der Menschheit handelt. Darüber hinaus ist ebenfalls klar erkennbar, daß das System in seiner uns bekannten Gestalt hoch entwickelt und in seiner Entwicklung seit langem abgeschlossen ist.

Die Entstehung der Sandkunst wird in Innerasien vor

zwölf- bis vierzehntausend Jahren zu suchen sein. Alles weist darauf hin, daß sie etwas mit der Landvermessung zu tun hatte.

Tatsächlich war die größte Kunst der Völker Innerasiens, besonders der Städtebewohner der heutigen Wüstengebiete, ihre Bewässerungstechnik. Nur durch sie konnten die großen Ebenen bebaut werden, nur durch sie allerdings auch wurden diese Gebiete im Laufe der Jahrtausende zu Wüsten.

Die Grundlage für alle Bewässerungssysteme ist eine genaue Vermessung des Landes. Diese erfolgte mittels eines einfachen binomischen Prinzips, wobei das Quadrat die kleinste Einheit bildete. Die Basis war eine zweidimensionale Ausbreitung, wie sie schon in der Vorstufe des Tai-chi-Zeichens entwickelt worden war: Bezeichnet wurde damit ursprünglich der Mittelpfahl des Zeltes, der sich linear in zwei Richtungen ausdehnt – nach oben in den Himmel und nach unten in die Erde. Hieraus entstand die für die Chinesen später als grundlegend erkannte Zweipoligkeit des Yin und Yang.

Die einfachste mathematische Zahlenreihe, die auf diese Weise zur Anwendung gelangte, war die der Verdopplung: 2, 4, 8, 16, 32, 64 und so fort.

Die Geomantik baut auf ein Zeichen auf, das aus vier Stufen besteht (Kopf, Brust, Bauch und Fuß), und jede der vier Stufen kann entweder positiv oder negativ sein, ungerade oder gerade. Das ergibt nach der einfachen Formel $2^4 = 16$ insgesamt 16 Möglichkeiten, in denen das Zeichen auftreten kann.

Mit einigem guten Willen kann man die 16 Grundzeichen auswendig lernen und hat damit ein Orakelsystem zur Hand, das jeder ohne weitere Hilfsmittel und unter allen

Umständen, selbst bei Krankheit und in Gefangenschaft, in wenigen Minuten selbst ausführen kann. Darin liegt gewiß eine Stärke dieser uralten Kunst.

Offensichtlich hat sich das Sechzehner-Rechensystem – und damit wohl auch die Geomantik – zuerst nach China hin ausgebreitet, vermutlich mit jenen Völkern, die vor der zunehmenden Trockenheit von den Hochebenen in die tieferen Flußebenen abzogen. Im Fernen Osten entstanden ähnliche Systeme, die teils als ernstes Spiel, teils als spielerisches Orakel bis heute erhalten blieben; zum Beispiel das Schachspiel mit den 32 Figuren auf 64 Feldern und das Buch der Wandlungen, I-ching, das aus $8 \times 8 = 64$ Grundzeichen besteht.

Frühe Erben des Sechzehner-Systems waren die Inder, bei denen bis heute das Maß-, Gewichts- und Münzwesen darauf aufgebaut ist.

Auch aus westeuropäischen frühgeschichtlichen Kulturen kennen wir Beispiele für eine auf 16 basierende Denkform: Der ursprüngliche Tempel Woodhenge in England war aus 64 Pfählen gebildet, 16 in jedem Kreisviertel. In Spanien sahen wir mehrere Felsbilder mit 16 roten Punkten, zum Teil ordentlich in einem Quadrat angeordnet.[7] Vermutlich sind viele jener bronzezeitlicher Felsbilder in Südwesteuropa und Nordafrika, die ausschließlich aus Punktereihen bestehen, Hinweise auf die Ausübung der Geomantik. An manchen dieser Bilder läßt sich leicht ablesen, daß die Punktefolgen mit der Fingerkuppe oder einem Stab in rascher Weise aufgetragen wurden, ohne daß eine bestimmte bildnerische Form beabsichtigt gewesen wäre.

Aus der Erfassung der Welt im Begriff der vier Himmelsrichtungen entstand die Windrose mit ihren 16 Strahlen,

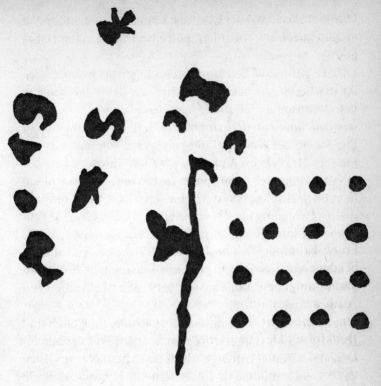

Verkleinerte Wiedergabe eines Felsbildes aus der Cueva de la Asa (Almería, Spanien), auf dem ein Quadrat aus 16 roten Punkten in Zusammenhang mit anderen religiösen Objekten dargestellt ist; die Zeichnung stammt aus der Bronzezeit.

nach der sich der Seemann richtet. Frühgeschichtliche Städte hatten nach den 16 Himmelsrichtungen laufende Ausfallstraßen, so daß sie aus der Höhe wie sechzehnstrahlige Sterne aussahen.

Täglich erkundeten die Etrusker durch Leberschau den

Zustand des Augenblicks; als Schulmodell schufen sie eine Bronzeleber (die man später bei Piacenza fand): Sie enthält 16 Felder.

Unsere germanischen Vorfahren sangen sechzehnzeilige Zauberlieder, die beim Umschreiten des Altars mit je vier Schritten an jeder der vier gleich langen Seiten entstanden waren; jede Strophe enthielt 16 Hebungen.

Die Reihe der Verwendung von sechzehnteiligen Systemen im Orakelwesen und bei magisch-kultischen Handlungen ließe sich wohl noch fortsetzen. Offensichtlich liegt im Sechzehner-System eine innere Geschlossenheit, die zur Erfassung und Beschreibung binärer Grunderfahrungen bestens geeignet ist. Darum möchte ich am Rande noch erwähnen, daß elektronische Rechner ein binäres Zahlensystem benutzen, das mit maximal 16 Einheiten arbeitet: mit den Zahlen von 1 bis 9, den Buchstaben von A bis F und der Null.

Ungewiß bleibt allerdings, ob die Germanen, Kelten und Iberer das hier dargestellte Sandkunstorakel verwendeten oder eigene Formen entwickelt hatten. Nur im Buch des Saxo Grammaticus findet sich ein Hinweis, daß die »Sandkunst« auch im 11. Jahrhundert noch in Deutschland in Gebrauch war; dort heißt es: »Sie weissagen auch aus gleichen oder ungleichen Strichen in der Asche.«[8]

WEITERGABE DURCH DIE ARABER UND AUFNAHME IM ABENDLAND

Wie so viele antike Wissenschaften, vor allem jene, die auf mathematischer Grundlage beruhen, wurde auch die Geomantik von den Arabern wiederaufgenommen und im gesamten islamischen Weltreich von Persien und Transoxanien bis Spanien verbreitet. Vermutlich hatten sie die »Wissenschaft des Sandes« (*'Ilm ur-Raml*), wie sie bei ihnen genannt wurde, zusammen mit der Kenntnis der Zahlen und der Astronomie aus Indien erhalten. Wie wir schon sahen, haben sie das System in seinem innersten Wesen intakt gelassen und ihm nur oberflächlich den »letzten Schliff« gegeben. Diesen habe ich in meiner Übertragung beibehalten, denn er macht einen gewissen Reiz des Sandorakels aus.

Indes gehörte die Geomantik bei den Arabern bald zum Alltag. Im Märchen von Aladin und der Wunderlampe (in »Tausendundeiner Nacht«) lesen wir, wie der Onkel die Sandbefragung durchführt, indem er die Sandtafeln mit Müttern und Töchtern als Figurenfolge aufstellt. Und im Berbermärchen »Vom seltsamen Brautpreis«[9] sitzt Hassan auf der Erde und zeichnet Linien und Figuren in den Sand, um sein Schicksal zu erkunden. Ja, auch die Berber haben diese Kunst aufgegriffen und den Zeichen sogar eigene Namen gegeben, wie das Buch von Scheich Chalf el Berbery zeigt.

Die Geomantik war in Andalusien und Nordafrika nicht nur eine volkstümliche Zukunftsbefragung, sondern wurde auch als mystisches Hilfsmittel ernst genommen und von Philosophen und Historikern besprochen. Ich will hier nur den berühmten Ibn Chaldun anführen, der in seinem »Vorwort zur Weltgeschichte« (»Moqaddima«, Band I, Kap. 6, Abschnitt 8) über die Sandzeichen *(Chatt er-Raml)* folgendes schreibt:

»...So erzielt man vier Reihen von Punkten, die, je nachdem, ob sie gerade oder ungerade sind, den Sinn entscheiden. Die 16 Kombinationen (Häuser) werden den 12 Burgen des Zodiakus und den vier Himmelsrichtungen zugeordnet, ähnlich wie in der Astrologie. Dabei werden die Bewegungen des Unbewußten erforscht. Ein berühmtes Buch stammt von az-Zanaty.«

Und etwas weiter fährt er fort:

»Ein guter Geomantiker erlangt die intuitive Schau der Dinge, indem er seine Sinneswahrnehmung völlig ausschaltet und dadurch die innere geistige Schau *(Kahana)* erlebt, wie dies bei der Knochenschau, Wasserschau und Spiegelschau der Fall ist.«

Und so, im arabischen Gewand, kam diese Kunst zu uns. Über Andalusien gelangte sie ins christliche Spanien, vor allem durch Übersetzungen gelehrter Juden, die als Vermittler arabischer Wissenschaft vom 12. Jahrhundert an eine bedeutende Rolle spielten. Die lateinischen Übersetzungen verbreiteten sich allmählich im gesamten christlichen Abendland und wurden besonders in der Renaissance von fast allen Philosophen und Ärzten gelesen und in ihren Schriften weiterverarbeitet.

Das älteste heute bekannte lateinische Manuskript der

Geomantik wird in Oxford aufbewahrt. Es ist das »Liber geomantiae de artibus divinatoriis qui incipit estimaverunt Indi« (das heißt »Buch der geomantischen Orakelkunst, die vermutlich die Inder aufbrachten«) von Gerhard von Cremona (1114–1187), einem Langobarden an der Universität von Toledo in Kastilien, der dort im Auftrage von Kaiser Friedrich Barbarossa eine enorme Zahl arabischer Schriften ins Lateinische übersetzte.[10]

Mehrere europäische Schriftsteller benutzten dieses Werk, einige übersetzten es weiter in lebende Sprachen. Zu den bekanntesten gehört der Arzt Heinrich Cornelius Agrippa von Nettesheim (1486–1535), der in seinem Buch »De occulta philosophia« (»Von den Geheimwissenschaften«) im zweiten Band, Kapitel 51, eine Serie geomantischer Bilder als Charaktere der Planeten vorstellt.

Der englische Arzt Robert Fludd (1574–1637) beschrieb in seinem Buch »De naturae simia seu technica macrocosmi historia« (gedruckt in Verona 1617) im 11. Kapitel »Die Geomantik als irdische Astrologie«.

Eine französische Übersetzung des Werkes von Gerhard von Cremona ließ der Sieur de Salerno im Jahre 1661 drucken.

Als frühester jener Schriftsteller, die die Geomantik erwähnen, gilt Molitor, der schon 1489 in Konstanz ein Buch unter dem Titel »De lamiis et phitonicis mulieribus« erscheinen ließ. Zahlreiche anonyme Werke, oft mit großen Fehlern behaftet und ein wahres Durcheinander an magischen, geomantischen und astrologischen Zeichen anbietend, erschienen im 16. und 17. Jahrhundert auf den Märkten und wurden heimlich oder gar offen verkauft. Viele dieser Bücher benutzen einen der großen Autoren als Aushängeschild, ohne daß sie von dem Betreffenden stammen.

Traditionsgemäß wird die Sandbefragung mit einem Stab ausgeführt: Der Wahrsager »schlägt« (wie sich der Araber ausdrückt) die Striche in den Sand, durch die er die Stellung der Person im Universum feststellt. Genaugenommen handelt es sich dabei nicht um Magie, denn es soll ja nichts bewirkt werden; es geht nur um eine Erkenntnis der augenblicklichen Verfassung der betreffenden Person. Aber dem einfachen Fragesteller mag es dennoch irgendwie magisch vorkommen, wenn ihm der Kenner der Sandzeichen Antworten gibt, die sein ganz persönliches Problem in treffender Weise beleuchten und sogar lösen helfen.

Hinzu kommt noch der Anblick des wahrsagenden Mannes: im langen Mantel, mit spitzer Kapuze und dem Stock in der Hand – gerade der Stock, der Zauberstab ist es, der den Zauberer kennzeichnet.[11]

Jedenfalls hat sich schon früh eine Verbindung zwischen der Sandkunst und der Magie ergeben. Die 16 Zeichen wurden auf Amuletten und Pentakeln verwendet. Sowohl in arabischen als auch in christlichen Handbüchern der Zauberei werden die Zeichen aufgeführt. Mit dem Beginn der Buchdruckerkunst gewannen diese Büchlein eine große Verbreitung; als sogenannte »Grimorien«, Zauberbücher im Taschenformat, gingen sie von Hand zu Hand, unter dem Mantel versteckt und mit einem Titelblatt versehen, das die geistlichen Inquisitoren irreführte.

Durch die Aufklärer wurden alle diese im Zwischenbereich von Religion und Wissenschaft angesiedelten Praktiken als Humbug und Aberglauben verächtlich gemacht.

Darum fiel vom ausgehenden 17. Jahrhundert an in den gebildeten Kreisen kein Wort mehr über die Sandkunst. Nur unter den Ärmsten, die weder schreiben noch lesen konnten, den Randgestalten der Gesellschaft, die als Kunden der Quacksalber und Marktprediger noch ein offenes Ohr dafür hatten, kursierte noch lange ein immer ungenauer werdender Rest jener Kunst der Selbstanalyse, die einst von Ärzten und Philosophen so hoch gepriesen worden war.

Erst im späten 18. Jahrhundert begann man in Mitteleuropa erneut, sich mit dem arabischen Kulturgut zu beschäftigen. Durch die Übersetzung und Nachdichtung der orientalischen Märchen hatten deutsche Dichter den Boden bereitet für die Aufnahme morgenländischer Gedanken. Nun übersetzte man auch wieder Bücher über die »Kunst des Sandes«. Man nannte sie in Deutschland jetzt auch »Punktierkunst«, denn sie wurde ja nicht mehr von wandernden Beduinen in der Wüste ausgeübt, sondern von gebildeten Damen und Bürgern in ihren Salons. Hohe Auflagen hatte eine Übersetzung aus dem Arabischen, die als »Punktierkunst« 1785 in Leipzig erschienen war. Rund ein Jahrhundert lang erfreuten sich diese Büchlein großer Beliebtheit, vor allem auch beim einfachen Volk. Die Gebildeten benutzten bald anspruchsvollere Handbücher, wie die folgende Episode zeigt.

DAS »SCHICKSALSBUCH«
NAPOLEONS

Im Jahre 1822 wurde in London die englische Übersetzung eines Buches von Hermann Kirchenhoffer aufgelegt. Davon gab es mehrere europäische Übersetzungen,
von denen eine, die spanische, mir kürzlich in die Hände
gelangte. Dieses Büchlein ist eine ganz eigenartige Mi-
schung aus Wissenschaft und Unsinn, Orientalismus und
deutscher Zauberkunst. Da es sich im Grunde auf die
Sandkunst beruft und auch tatsächlich von dieser nicht zu
trennen ist, will ich die Episode hier darstellen, ohne eine
historische Glaubwürdigkeit bezüglich der genannten
Personen zu behaupten.

Das Büchlein hat angeblich folgende Geschichte: Auf
dem ägyptischen Feldzug Napoleon Bonapartes 1798 in
Ägypten fand sein Offizier Sonnini in den Königsgräbern
von Theben im Sarkophag eines Pharaos eine Schriftrol-
le, die er von einem koptischen Priester, der die Hieroglyphen lesen konnte, übersetzen ließ. Jene Handschrift
wurde bei einem festlichen Anlaß Napoleon selbst über-
reicht, der davon später eine deutsche Übersetzung her-
stellte und fortan diese nur noch persönlich benutzte als
kostbare Auskunft bei der Erfragung des Schicksals. Die
Handschrift enthält zahlreiche Notizen von ihm selbst.
Während der Völkerschlacht bei Leipzig (1813) wurde sie
im Beutegut eines preußischen Offiziers gefunden, aber
für einen geringen Preis an einen gefangenen französi-
schen Offizier verkauft, der das Buch auf Umwegen der
Kaiserin Marie-Louise zukommen ließ, die es jedoch we-

gen widriger Umstände ihrem Gemahl nicht mehr schikken konnte. Seitdem gilt das Original als verschollen, und die Übersetzung ist entsprechend kostbar. – Soweit die Rahmengeschichte.

Es ist denkbar, daß ein französischer Offizier beim Feldzug Napoleons in Ägypten von einem koptischen Priester eine Abhandlung über die Sandkunst erhielt und davon eine französische (oder italienische oder deutsche) Übersetzung anlegte, aber es ist unwahrscheinlich, daß dies von einem hieroglyphischen Text aus erfolgt ist, da die Hieroglyphen erst seit 1842 wieder lesbar sind.

Dieses Büchlein, als »Buch des Schicksals« betitelt, wurde in dem typisch kleinen Format (11,5 cm mal 8 cm) auf den Markt gebracht, vergleichbar den Zauberbüchlein, die von Hand zu Hand unter dem Mantel weitergereicht wurden. Es enthält 32 Tafeln mit je 32 Sprüchen, die als Los oder Antwort auf eine Frage anzusehen waren. Die Bestimmung der Antwort erfolgte nach der typischen Methode, die als Sand- oder Punktierkunst bekannt war.

Außer den 12 Tierkreiszeichen, die hier in ungeordneter Reihenfolge auftreten, sind weitere 20 seltsame Zeichen gefunden worden: Pfeil und Bogen, gekreuzte Knochen, ein Bienenkorb, ein Anker, ein von einem Pfeil durchbohrtes Herz, der zoroastrische Feueraltar, das freimaurerische Auge im Dreieck, eine Pyramide, ein Stern, ein Totenkopf, eine Sanduhr, gekreuzte Schlüssel nach katholischer Art, eine Monstranz auf einem Altar, eine Harfe, die phrygische Mütze, die ägyptische Haube, eine Sonne, ein Dolch, ein Schloß und ein Mond mit sechs Sternen herum – eine abenteuerliche Zusammenstellung symbolträchtiger Zeichen des frühen 19. Jahrhunderts.

171

Eigenartig sind auch die anderen Kapitel des Buches: Die Einleitung handelt von den verschiedenen Orakeln, die in der Antike in Gebrauch waren. Anschließend folgt ein »Hirtenbrief« des Priesters Balaspis im Auftrag von Hermes Trimegistos mit einer Anweisung zur Benutzung des Büchleins, die hochinteressant ist. In dieser Gebrauchsanweisung heißt es, daß stets ein Opfer (eines Hahnes oder anderen kleinen Haustieres) sowie die Befragung der Priester vorgenommen werden sollte. Wenn dann Stille eintritt, soll der Fragende – nach Aufforderung durch den Priester – mit dem vom Opferblut feuchten Stock in einem durch die 12 Tierkreiszeichen begrenzten Kreis eine Reihe von mehr als 12 und weniger als 16 Strichen in den Sand zeichnen, dann eine weitere Reihe darunter, im ganzen fünf Reihen, wobei er die Striche nicht zählen darf, sondern höchst unaufmerksam sein soll.

Der Priester zählt dann die über 12 hinausgehenden Striche auf ihre Gerad- oder Ungeradheit ab und vermerkt entsprechend zwei oder einen Stern am Ende der Linie. Daraus entsteht ein Bild von fünf untereinanderliegenden Sternen oder Doppelsternen, aus dem die Antwort abgelesen wird.

In der Anmerkung ist das Ganze modernisiert worden, so daß normale Bürger es auch ausführen konnten, ohne ein Opfer zu vollziehen oder einen Priester anzustellen. Statt des ins Opferblut getauchten Stockes dient auch der Finger oder ein Stift oder einfach eine Kohle, um die Striche zu markieren. Wenn auch dadurch das ganze Orakel zu einem leicht durchführbaren Gesellschaftsspiel abgewandelt wurde, so warnt doch der Autor davor, mehr als eine Frage pro Tag zu stellen oder dieselbe Frage vor Ablauf eines Monats zu wiederholen.

Außerdem werden die typischen Vorsichtsmaßregeln erteilt: Man darf das Sandorakel nicht bei Sonnenfinsternissen oder Mondfinsternissen befragen, möglichst auch nicht bei Vollmond und ohnehin nur bei Nacht.

Die Sprüche, in denen die Antworten abgefaßt sind – ganz nach orientalischer Manier –, sind äußerst moralisch, fast christlich, in jeder Hinsicht humanistisch zu nennen, wie zu erwarten ohne große Genauigkeit, damit sie auf möglichst viele Situationen passen, in einer fallenden Reihe geordnet vom Positiven zum Negativen.

Nach diesem Mittelteil der Sandzeichen folgt im Büchlein noch eine Abhandlung über die Tierkreiszeichen und die Planeten, dann ein »ewiger Kalender«, in dem man die Wochentage ablesen kann, wobei die Umschaltung vom Julianischen auf den Gregorianischen Kalender am 15. Oktober 1582 berücksichtigt wird (was in neueren Kalendern nicht mehr der Fall ist). Anschließend gibt es noch eine Abhandlung über Physiognomie und eine weitere über Chiromantik, beides Themen, die am Anfang des 19. Jahrhunderts großes Interesse erregten.

Dies alles weist das Büchlein als ein typisches Produkt seiner Zeit aus und hat sicher dazu beigetragen, daß es sich so großer Beliebtheit erfreute und selbst fünfzig Jahre später in spanischer Sprache noch aufgelegt wurde. Genau wie die anderen Punktierkunstbüchlein wurde es von sehr vielen Leuten mehrere Generationen hindurch halb spielerisch, halb ernsthaft zu Rate gezogen, wann immer die Probleme des Alltags eine Entscheidung forderten.

Erst um die Jahrhundertwende scheint das Interesse daran endgültig erloschen zu sein. Mit dem Untergang des osmanischen Kalifats und der Zuwendung zu den indischen und ostasiatischen Geheimwissenschaften geriet dieses orientalisierende Gesellschaftsspiel bei uns völlig in Vergessenheit.

DIE HEUTIGEN FORMEN

Die Erdbefragung war natürlich nicht zum Zeitvertreib erfunden worden, sie ist das Ergebnis langer Entwicklung. Im modernen Sprachgebrauch kann man sie als »Psychoanalyse auf mathematischer Basis« bezeichnen. Geschichtlich gesehen handelt es sich um einen primitiven Ritus, der sich durch viele Kulturen der alten Welt, von China bis Westafrika, jahrtausendelang fortgepflanzt hat.

Zwar erfüllt die Geomantik ein ursprüngliches menschliches Bedürfnis, nämlich das nach Selbsterkenntnis und Vorausplanung, widerspricht aber darin den puritanischen Religionen. Arabische Schriftsteller, die über die Sandkunst schrieben, haben darum in den Einleitungen ihrer Werke stets besonders betont, daß es sich um eine altehrwürdige Überlieferung handelt, die den anerkannten Normen in keiner Weise entgegenstehe.

So schreibt Scheich Qorschy in seinem Buch zur Auslegung der Sandzeichen, das er »Schnelle Auslosung der Erkenntnis« betitelt hat, die Kunst der Sandbefragung könne keineswegs den unerforschlichen Ratschluß Gottes enthüllen, sondern nur einen Augenblickszustand der Seele offenbaren. Dies stehe nicht im Gegensatz zu den Lehren des Islam, sondern werde durch die von den Propheten gelehrten Wissenschaften bestätigt. Und als Vorläufer nennt er dann vier »Propheten« – ganz im Sinne der arabischen Tradition: Als erster hätte Idris (das ist Henoch) dieses Wissen gelehrt, dann vor allem Daniel, ferner der Chidr und sogar Iskender (Alexander der Große).

Da viele arabische Werke über geheime Wissenschaften, vor allem über Astrologie und Magie, sich auf den unsterblichen Henoch berufen, wundert uns nicht, daß ihm auch die Sandkunst zugeschrieben wird. Auch Daniel und der zur mysteriösen Sagenfigur ausgesponnene Iskender Dhul Qornein, der »Zweigehörnte Alexander«, begegnen uns hin und wieder in diesem Bereich, zum Beispiel in der Traumdeutung. Alexander heißt übrigens »zweigehörnt«, weil er sich in der ägyptischen Oase Siwa mit dem Widdergehörn des Gottes Ammon krönen ließ (und nicht, wie manchmal behauptet wird, weil er angeblich zwei Jahrhunderte lang regiert habe). Richtig an diesem Zusammenhang ist wohl, daß durch Alexanders Feldzüge das geomantische Wissen nach Griechenland gelangte.

Selbst der weise König Salomon, der die Sprache der Tiere und noch manche andere Geheimwissenschaft beherrscht haben soll, taucht als Erfinder oder Übermittler der Sandkunst auf. Daß aber auch der Chiḍr genannt wird, ist überraschend und bedarf der Erläuterung.

Unter dem Chiḍr stellt man sich einen unsichtbar lebenden Menschen vor, der unsterblich ist und durch seine Kraft die Heiligen lenkt. Hin und wieder offenbart er sich einem Menschen in seltsamer Weise, etwa so wie dem Moses, wovon im Koran (Sure 18, Verse 64–82) ausführlich erzählt wird.[12]

Zwar wird dort der Name des Chiḍr nicht erwähnt, aber durch einen Ausspruch des Propheten Mohammed (Ḥadith) ist dieser Zusammenhang festgelegt. Typisch für den Chiḍr in dieser Episode ist die Tatsache, daß er ein geheimes Wissen besitzt, das seine Taten rechtfertigt, ohne daß Moses – der doch als Prophet auch besondere

Einsicht besaß – dies von vornherein verstehen könnte. Dieses besondere Wissen geheimer Dinge, das den Chiḍr auszeichnet, sowie seine Unsterblichkeit, die ihn dem Propheten Henoch ähnlich macht, sind wohl die Auslöser für die Verbindung geworden, die ihn zum Miturheber der Geomantik werden ließ.

All diese skurrilen Versuche arabischer Autoren, der Geomantik vor den strengen Augen der Rechtsgelehrten ein seriöses Aussehen zu verleihen, lassen den Schluß zu, daß es sich um eine uralte Gewohnheit handelt, die um jeden Preis vor der Unterdrückung durch die offizielle Religion bewahrt werden sollte. – Und dies ist mit erstaunlicher Geschicklichkeit bis heute immer wieder gelungen.

Wenn man an einem beliebigen Tag über den Dschama Al Fana, den berühmten Platz der Märchenerzähler und Akrobaten in Marrakesch, geht, sieht man sicher auch einige Männer dort sitzen, die die geomantische Kunst ausüben. Sie sitzen bescheiden auf dem Pflaster oder auf einem kleinen Hocker, neben sich die Bücher, die die Auslegungen enthalten, und über sich einen schwarzen Schirm, der vor den brennenden Strahlen der Sonne schützt. Geduldig warten sie auf Kunden.

Schüchtern nähert sich ein junger Mann und flüstert dem Alten etwas ins Ohr, dann hebt ein kurzes Feilschen an, und nachdem der Bittsteller den Preis bezahlt hat, beginnt der Geomantiker seine Arbeit. Er zeichnet Striche aufs Pflaster oder auf eine glatte Kachel, die er in der Hand hält, um die Figuren festzulegen. Dies kann auch auf andere Weise geschehen, zum Beispiel, indem er dem Kunden einen Rosenkranz hinhält und diesen bittet, eine der Perlen zu ergreifen. Da zwischen den »Eckperlen«

des Kranzes jeweils 32 Perlen sind, ist es einfach, die Zahl der Sandfigur zu bestimmen, indem je zwei Perlen als eine gezählt werden.

Im Süden gibt es auch noch andere Techniken zur Bestimmung der Figur: Man wirft Getreidekörner oder Steinchen, die man von einem größeren Haufen greift, auf den Boden, und aus der Anzahl ergibt sich die erste Figur.[13]

Für die Auswertung zieht der Geomantiker oft seine Bücher zu Rate und liest dem Fragenden die verschiedenen Verse vor, wobei er selbst die oft schwierigen oder unklaren Aussagen weiter erklärt. Es hängt von seiner Erfahrung und seiner Intuition ab, wie gut er die Seelenverfassung des Kunden trifft.

Während dieser Aussprache, die oft genug von Zwischenfragen unterbrochen ist, formt sich in dem Fragesteller die Erkenntnis seines eigenen augenblicklichen Zustands, wodurch meist schon eine Andeutung zur Lösung seines Problems gegeben ist, auch wenn sie oft ganz anders ausfällt, als dies zunächst erwartet worden war. Und gerade das ist die therapeutische Wirkung der »Erdbefragung«.

Die Einschaltung eines Deuters, der damit fast eine priesterliche Funktion übernimmt, birgt natürlich Gefahren und Nachteile. Offensichtlich kann die wirtschaftliche und ideologische Macht, die der Deuter ausübt, zu Betrug führen, und das wäre gewiß kein Einzelfall. Außerdem erwirbt der Deuter einen Einblick in die persönlichen Probleme der Fragesteller, und wenn alle Orakeldeuter durch einen kollegialen Verband oder gar einen Derwisch-Orden gleichgeschaltet werden, dann üben sie tatsächlich eine erstaunliche Macht aus.

Am Heiligtum von Sidi Bel Abbas ist dies spürbar, wenn auch dort die Ehrlichkeit der Deuter nicht in Zweifel zu ziehen ist.

Problematisch wird es erst, sobald es sich auf rein literarischer Ebene abspielt. Da gibt es in Frankreich ein Büchlein über die Kunst der Sandbefragung von einem Scheich Hadji Khamballah, das sich offensichtlich an die zahlreichen Einwanderer aus den islamischen Staaten wendet. Es enthält anregende Gedanken, führt aber auch eine typische[14] Veränderung der Orakelbefragung ein: Die Errechnung der endgültigen Figur wird erschwert. Je mehr Zwischenformen vorkommen und je komplizierter die gesamte Ableitung von den vier Müttern zur letzten Figur – hier Richter genannt – erfolgt, desto wichtiger wird die Person des Helfers, des Orakeldeuters.

Statt der einfachen Ableitung der Töchter und Enkelin hat Khamballah einen fünfteiligen Vorgang dargestellt: Aus den vier Zeilen der vier Mütter werden vier Töchter gebildet, indem die vier Zeilen einzeln quer gelesen werden. Erst dann werden durch Zusammenziehen von je zwei Müttern und zwei Töchtern vier Enkelinnen gebildet, wie dies auf der Zeichnung dargestellt ist. Die Enkelinnen werden nun zu einem rechten und einem linken Zeugen zusammengezogen, und aus den beiden Zeugen bildet man endlich die letzte Figur, den Richter.

Durch diese umständliche Manipulation ist ein großer Nachteil entstanden, denn – ganz abgesehen davon, daß nun der einfache Mann den Ritus des Antwortfindens kaum noch allein ausführen kann – eine Hälfte der Aussage ist verlorengegangen: Durch die Verdoppelung der ursprünglichen vier Zeichen, die aus den Sandpunkten entstanden waren, ist nun das Ergebnis in jedem Falle mit

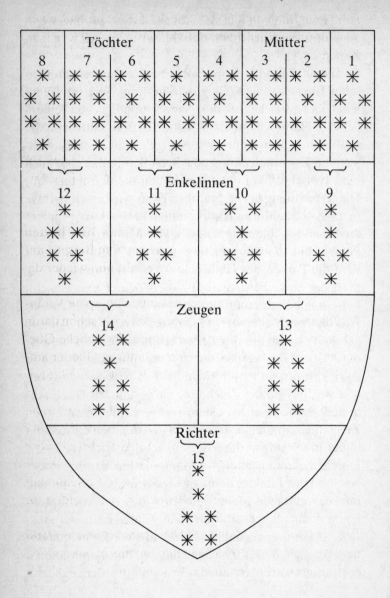

gerader »Quersumme« (Summe der Sterne des einzelnen Zeichens) zu erwarten, das heißt, daß alle acht Zeichen, die eine ungerade Quersumme haben – also die Zeichen 3 bis 10 –, ausgeschaltet sind.

Die Deutung kann sich also in diesem Falle nur noch auf die acht Zeichen mit gerader Quersumme (1 und 2 sowie 11 bis 16) beziehen; dadurch wird die Aussage verfälscht.

Um diesem Mangel abzuhelfen, wurde durch einige Schriftsteller eine weitere Komplizierung eingeführt, ebenfalls wohl mit der Absicht, das Wirken des »Gelehrten« zu einer notwendigen Hilfe auszubauen: Man bildet einen »allerletzten Richter«, indem man den letzten Richter mit einem der vorigen Zeichen, zum Beispiel mit der ersten Mutter, verbindet, und erhält nun wieder die gesamte Möglichkeit der 16 Zeichen.

Daß es sich bei all diesen Ausweitungen um späte Veränderungen durch die Araber handelt, ist wohl schon daran erkennbar, daß die ursprünglich nur auf weibliche Glieder aufgebaute Reihenfolge nun männliche Glieder aufweist, nämlich die für islamische Rechtsvorstellungen kennzeichnenden Zeugen und Richter.

Offensichtlich hat hier der arabische Mannesstolz die »nötige« Korrektur vorgenommen. Dabei wurde außer acht gelassen, daß Gäa, die »Urmutter Erde«, weiblicher Natur ist.

Die Kunst des Sandes, die Erdbefragung oder Geomantik, heißt sicher nicht aus nebensächlichen Gründen so.

◁ *Bestimmung der geomantischen Antwort nach Hadji Khamballah. (Die Reihenfolge läuft von rechts nach links, wie im Arabischen üblich.)*

Eher dürfen wir annehmen, daß sich aus der Spannung zwischen dem Fragenden und dem Fleckchen Erde, auf dem die Befragung ausgeübt wird, ein Kraftfeld aufbaut, das zur Antwort beiträgt. Aus diesem Grunde sind die Vereinfachungen, die viele europäische Punktierkunst-büchlein vorschlagen und die ich selbst übernommen habe, nämlich die Striche statt auf der Erde auch auf ei-nem Blatt Papier zu zeichnen, nicht ganz im Sinne dieser alten Kunst. Das Ergebnis kann möglicherweise darunter leiden. Ein guter Orakeldeuter wird darum seine Befra-gung stets auf dem Erdboden oder auf einer glatten Stein-platte ausführen. Diese »Matrix« hat weiblichen Charak-ter, während der Stab oder Finger des Fragenden männli-chen Charakter hat. So wird auch der Akt der Befragung selbst als Vereinigung der beiden sich ergänzenden Prin-zipien aufgefaßt.

Die 16 Zeichen treten ja auch in jeweils sich ergänzen-den, entgegengesetzten Bildern auf, als acht Paare. Das dritte, vierte und fünfte Paar sind sogar eindeutig weib-lich-männlich charakterisiert: Der Drachenkopf ist weib-lich, der Drachenschwanz männlich; Weiß ist weiblich und Rot männlich; und bei den Zeichen Mädchen und Bube verhält es sich ebenso.

Betrachten wir die Sandzeichen als Symbole der Seele, dann ist es nur natürlich, daß sich je zwei von ihnen wie komplementäre Zwillinge entsprechen und damit die psychischen Gegebenheiten im Menschen widerspiegeln.

PSYCHOANALYSE

Wie verhält sich nun die moderne Psychoanalyse zum Erdorakel und seinen Sinnbildern? Kann man die Erdbefragung zu Recht eine psychoanalytische Therapieform nennen? Am deutlichsten hat sich C. G. Jung zu diesem Thema geäußert, darum will ich hier seine grundsätzliche Einstellung skizzieren. In seinen Untersuchungen zur Symbolgeschichte, »Aion« betitelt,[15] in denen er die wichtigen Symbole oder »Archetypen« des abendländischen Denkens bespricht, sagt er über die physikalische Analogie von Psyche und Materie: »Psyche kann kein ›ganz Anderes‹ sein als Materie, denn wie könnte sie dann den Stoff bewegen? Und Stoff kann der Psyche nicht fremd sein, denn wie könnte er sie dann erzeugen?« Der Zusammenhang zwischen Seele und Kosmos ist offensichtlich, die Parallelität der Vorgänge ist erkennbar. »Da die Analogiebildung ein Gesetz ist, welches das Leben der Psyche in großem Umfang beherrscht, so dürfen wir wohl mit Recht vermuten, daß unsere anscheinend rein spekulative Konstruktion keine neue Erfindung, sondern schon auf früheren Stufen des Nachdenkens vorgebildet worden sei.« Damit werden ganz allgemein die Orakeltechniken der frühen Menschheit gerechtfertigt. Jung fährt dann fort: »Einen der vollständigsten Versuche dieser Art stellt das sechzehnteilige Schema der Platonischen Tetralogien dar.«

In seinem Buch »Psychologie und Alchemie« hat er diesen Gedanken noch weiter erläutert. Bei den Tetralogien (man könnte sagen: Vierersprüche) handelt es sich um einen anonymen Traktat aus dem 16. Jahrhundert, der unter dem Titel »Liber Platonis Quartorum« (Das Buch Platons von den Vieren) in lateinischer Sprache im Theatrum Chemicum 1622 abgedruckt wurde. Wie Jung selbst annimmt, dürfte es sich auf einen arabischen Text gründen, der im 12. Jahrhundert ins Lateinische übersetzt worden war. Dieses Werk ist Platon zugeschrieben, und der Grund dafür ist wohl derselbe wie bei den arabischen Sandkunstbüchern, die den berühmten Propheten Henoch oder Daniel zugeschrieben werden, nämlich die Angst vor der allmächtigen Religion.[16]

»Die Schematisierung und Analogiebildung geht von vier Grundlagen aus«, sagt Jung. »Zu jedem dieser vier Anfänge gehören je drei Wandlungsstufen (was also zusammen mit der ersten im Ganzen 16 Teile ausmacht). Außer dieser je vierfachen Aufteilung der Grundlagen findet aber auch eine jeweilige Entsprechung der Stufen in den Vertikalreihen statt.« Hier wird also dasselbe Verfahren angewandt, das ich bei der Sandkunst des Hadji Khamballah beschrieb (siehe voriges Kapitel).

C. G. Jung führt dann weiter aus: »So basiert auch die uralte geomantische Kunst auf einem sechzehnteiligen Schema... Diese Figuren werden in einem astrologischen Häuserschema angeordnet, wobei das im Horoskop leere Zentrum durch ein Quadrat, das die vier Zentralfiguren enthält, ersetzt ist.

Athanasius Kircher produziert ein Quaternitätssystem,[17] das im Zusammenhang mit unseren Erörterungen erwähnenswert ist.«

Da Jungs Psychologie – besonders bei der Analyse von Weltanschauungen und Religionen – auf der Vierheit (und nicht der Dreiheit!) als Basis aller Denkmodelle aufgebaut ist, hat ihn diese Gruppe der Renaissance-Philosophen, die die Geomantik verarbeitet haben, in starkem Maße angezogen. In den aus der Vierheit entwickelten Sechzehner-Systemen jener Zeit geht es um den Stein der Weisen, wie Jung hervorhebt, und um die Urmaterie, die *materia prima,* die als dunkler irdischer Urstoff[18] gedacht wurde, aus dem alles Seiende hervorgegangen ist. Selbstverständlich ist diese Urmaterie weiblich, nicht nur im grammatischen Sinne, sondern sie wurde auch als Urmutter, als große Gebärende, vorgestellt.

Aus der Abhandlung von Marie-Louise von Franz über das Leiden der Perpetua[19] erfahren wir noch weitere Einzelheiten über die alchemistische Gedankenwelt und ihre Stellung in der heutigen Psychoanalyse. Die Autorin beschäftigt sich ebenfalls mit dem Urstoff der Welt und befürwortet die Vierheit als Grundlage aller philosophischen Prozesse. »(In der Alchemie) wurde die dunkle ›materia prima‹ häufig als ›caput draconis‹ (Drachenhaupt) oder als ›draco‹ bezeichnet; das Drachenhaupt ist der Mensch, die ›vita gloriosa‹, der die Engel dienen...« Dies zitiert sie nach einer Schrift des Albertus Magnus, »Über den Baum des Aristoteles«.[20] Dort steht, daß die *fünfte* Figur Drachenkopf genannt wird und dieses Haupt in Ewigkeit lebt und daher »glorreiches Leben« heißt. Der »restliche« Drache dagegen wird dem Tode geweiht.

Auch über die beiden nächsten Figuren, Weiß und Rot, bringt sie lesenswerte Hinweise: »Weiß und Rot sind die Farben der Priester des afrikanischen Saturn und überhaupt vieler antiker und auch der ägyptischen Mysterien, und in der Alchemie bilden sie die zwei obersten Stufen: die albedo und rubedo. Das Weiß gilt dort als die erste

Verklärung und zugleich das Dominieren des Weiblichen, Rot ist das Dominieren des männlichen Prinzips...«[21]

Bemerkenswert finde ich, daß der Ausdruck für »Weiß«, *albedo,* nicht auf das Lateinische oder Griechische zurückgreift, sondern das Arabische; das Wort *rubedo* scheint aus dem Lateinischen in Anlehnung an *albedo* geformt zu sein.

Aus diesen kurzen Skizzen geht hervor, daß geomantische Bilder im Abendland einen Verallgemeinerungsprozeß durchgemacht haben und sogar zu »Archetypen« im Sinne der Psychoanalyse geworden sind. Jung (und seine Schule) hat davon immer wieder Gebrauch gemacht, wenn es um die Deutung von Träumen oder seelischen Konflikten ging.

Der reale Zusammenhang zwischen Ereignissen und Inhalten des Bewußtseins oder Unterbewußtseins ist von Jung als Synchronizität bezeichnet worden. »Es handelt sich um einen nicht-causalen sinnvollen Zusammenhang zeitlich koinzidierender Phänomene, besonders innerer und äußerer Ereignisse«, definiert Marie-Louise von Franz[22] diesen Begriff. Sie nennt es auch »Symptoma«, das Zusammenfallen von innen und außen.

Jung benutzt den Begriff der Synchronizität, um zu erklären, wie es kommt, daß vorausschauende Träume oder Visionen oder die Voraussagen von Nostradamus und anderen Astrologen tatsächlich eintreffen. Wie wir sahen, bezieht er ihn auch auf antike Orakel und besonders auf das geomantische System, das seinem eigenen Denkmodell am nächsten kommt.

Somit ist der tatsächliche Erfolg der Sandkunst auch im psychoanalytischen Sinne gewährleistet.

ANMERKUNGEN

[1] Fritjof Capra: »The Tao of Physics« (Berkeley 1975), dtsch.: »Das Tao der Physik« (Scherz-Verlag, Bern 1983). In ähnlicher Weise bringt diesen Zusammenhang Gary Lukav: »The Dancing Wu Li Masters« (1979), dtsch.: »Die tanzenden Wu Li Meister« (Rowohlt, Reinbek 1981). Ferner auch Jean E. Charon: »L'Esprit, cet inconnu« (Albin Michel, Paris 1977), dtsch.: »Der Geist der Materie« (Ullstein, Frankfurt/M. 1982). – Zum größeren Rahmen, in den die Geomantik in geschichtsphilosophischer Sicht eingebettet ist, siehe Uwe Topper: »Wiedergeburt – Wissen der Völker« (Rowohlt, Reinbek 1988).

[2] Sidi Bel Abbas, geboren 1130 in Ceuta und gestorben 1205 in Marrakesch, gilt als großer Heiliger und Sufi. Wegen seiner bescheidenen Lebensform und vorbildlichen Nächstenliebe wird er vom ganzen Volk geliebt. Näheres hierzu in Uwe Topper: »Die Sufis im Maghreb« (Diederichs Gelbe Reihe Nr. 49, Köln 1984).

[3] Siehe zum Beispiel Stephan Kappstein: »An-Mo, die chinesische Mikromassage« (Bauer-Verlag, Freiburg 1981).

[4] Richard Wilhelm: »I Ging, Das Buch der Wandlungen« (Diederichs Gelbe Reihe Nr. 1), 2. Buch, Das Material

[5] Die Frühlingsäquinoktie wandert in 2160 Jahren um ein Sternbild (= 1 Monat) rückwärts, was man Präzession nennt. Das Löwenzeitalter war von 11000 bis 8833 v. d. Zeitrechnung. Siehe hierzu Uwe Topper: »Das Erbe der Giganten« (Walter Verlag, Olten/Schweiz 1977).

[6] Hier einige Beispiele für die verschiedenen Reihenfolgen:
Zanaty: 3 – 1 – 2 – 13 – 10 – 16 – 4 – 8 – 7 – 12 – 11 – 6 – 14 – 5 – 15 – 9.
Hamzany: 15 – 2 – 1 – 16 – 14 – 11 – 8 – 3 – 6 – 7 – 10 – 4 – 5 – 9 – 12 – 13.
el Qorschy: 11 – 12 – 2 – 9 – 3 – 15 – 4 – 14 – 10 – 1 – 8 – 5 – 16 – 13 – 7 – 6.
Tuchy: 10 – 3 – 5 – 7 – 9 – 6 – 8 – 4 – 12 – 16 – 15 – 11 – 14 – 2 – 13 – 1.
Wie man sieht, ist bei keinem dieser arabischen Autoren die Paarigkeit der Zeichen erhalten. Ich fand nur eine arabische Sandkunst, in der die meisten Paare zusammenstehen: sie ist anonym: 3 – 4 – 8 – 7 – 12 – 11 – 5 – 6 – 10 – 9 – 2 – 1 – 13 – 16 – 15 – 14 (die letzten vier sind hier noch vertauscht).
Caslant hat die Paarigkeit voll gewahrt, die Reihenfolge läuft meist rückwärts: 14 – 13 – 6 – 5 – 10 – 9 – 16 – 15 – 12 – 11 – 8 – 7 – 4 – 3 – 2 – 1.

[7] Uwe Topper: »Das Erbe der Giganten« (1977) und »Felsbilder an der Südspitze Spaniens«, in Madrider Mitteilungen (DAInst Madrid, 1975), ferner »Investigación sobre pintura rupestre de la Prov. de Cádiz« (Dip. de Cádiz, bajo impr. 1987)

[8] Zitiert in Jacob Grimm: »Deutsche Mythologie«, Bd. III, S. 321

[9] Uwe Topper: »Märchen der Berber« (Diederichs-Verlag, Düsseldorf/Köln 1986), Märchen Nr. 27

[10] Sigrid Hunke: »Allahs Sonne über dem Abendland. Unser arabisches Erbe« (DVA, Stuttgart 1960), S. 168

[11] Die ältesten bekannten Zauberstäbe stammen schon von den Malern der Höhlenbilder vor mehr als 20000 Jahren, sie sind oft mit feinen Ritzzeichnungen verziert. Siehe hierzu Herbert Kühn: »Die Felsbilder Europas« (Kohlhammer, Stuttgart 1958).

[12] Der Name Chiḍr bedeutet »der Grüne«, was darauf hinweist, daß es sich um eine altorientalische Naturgottheit handelt, deren zyklisches Wiedergeborenwerden als Ausdruck ewigen Lebens aufgefaßt wurde. Ausführlicher schrieb ich darüber in »Die Sufis im Maghreb« (1984) und »Märchen der Berber« (1986), Märchen Nr. 58 und Anm. S. 252.

[13] Statt Getreide oder Steinen werden auch Bohnen oder andere Samen verwendet, zum Beispiel die Kerne der Johannisbrotschoten. Für jede der 16 Reihen wirft man eine Handvoll Kerne auf ein großes Tuch. Diese Art der Bestimmung des Zeichens ist in ganz Afrika bis Madagaskar üblich.

[14] Typisch darum, weil viele arabische Autoren diese Komplizierung vornehmen, einige sogar mit mehr Stufen als der hier zitierte Text. Bei Robert Fludd (1617) treten nach den vier Müttern und vier Töchtern vier Enkel (männlich) auf, dann zwei Zeugen, ein Richter und ein Oberrichter. Dadurch werden insgesamt 16 Zeichen gebildet; interessanterweise werden auch bei ihm die Reihen von rechts nach links aufgeführt, weshalb spätere Zitate die Abfolge umkehrten, also unsinnigerweise mit dem Oberrichter begannen.

[15] C. G. Jung: »Aion. Untersuchungen zur Symbolgeschichte«, Psychologische Abhandlungen Band VIII (Rascher-Verlag, Zürich 1951), S. 373

[16] Der Autor einer anderen lateinischen Sandkunst nennt sich »Alfakinus arabicus filius a Platone«, zu deutsch etwa: Der Gelehrte, ein arabischer Sohn des Platon

[17] In seiner »Aritmologia« (Rom 1645), S. 260 ff.

[18] Damit völlig dem Yin der Chinesen entsprechend!

[19] »Die Passio Perpetuae. Versuch einer psychologischen Deutung«, in »Aion«, S. 387 ff.

[20] a.a.O., S. 481 ff.; »Scriptum Alberti Magni super arborem Aristotelis«, Theatrum Chemicum (1602), II, S. 525

[21] Vgl. C. G. Jung: »Psychologie und Alchemie« (Rascher Verlag, Zürich), S. 488

[22] In der »Passio Perpetuae«, S. 492 und Anm. 118

MITTELEUROPÄISCHE LITERATUR

Agrippa von Nettesheim, Heinrich Cornelius (1486–1535): »De occulta philosophia« (Köln 1651), lib. II, cap. LI

Cremona, Gerhard von (1114–1187), Univ. Toledo: »Liber geomantiae de artibus divinatoriis qui incipit estimaverunt Indi« (Ms. in Oxford)

Fludd, Robert (1574–1637), England: »De naturae simia seu technica macrocosmi historia« (Verona 1617), cap. XI: De Geomantia seu terrestris Astrologia

Marqués-Rivière, Jean: »Amulettes, Talismans et Pentacles dans les traditions orientales et occidentales« (Payot, Paris 1950)

Molitor, U.: »De lamiis et phitonicis mulieribus« (Konstanz 1489)

Sieur de Salerno: »Géomancie astronomique de Gérard de Cremone« (1661)

ARABISCHE LITERATUR

Chalf el Berbery, Scheich: »El Hakim Aristotalis« (Buch des Arztes Aristoteles)

El Hamzany, Scheich: »Manẓuma 'Ilm ur-Raml« (Lehrbuch der Sandkunst)

»Ibn Aflaton« (pseudonym): »Aschkal ur-Raml« (Die Sandzeichen)

Ibn Chaldun: »Moqaddima« (Vorwort zur Weltgeschichte) (Kairo, lfd. Ausg.)

Idris, Sayidina (anonym): »'Ilm ur-Raml« (Sandkunst)

Marrakschy, Nasr ud-Din Abu 'Abdullah: »Iḍaḥ Chuṭuṭ er-Raml« (Erläuterungen der Zeichen des Sandes)

Qorschy, Scheich 'Abd ul'Aziz ben 'Ali: »Qar'at es-Sir'at ez-Zaky« (Schnelle Auslosung der Erkenntnis)

Radjuz, Scheich: »'Ilm ur-Raml« (Sandkunst)

Ṭamṭam el Hindy: »El Ḥaqiqa fi Achraj eḍ-Ḍamir« (Genauigkeit im Öffnen des inneren Zustandes)

Tuchy, 'Abd ul-Fatah: »Durrat ul-Bahiya fil'Ulum er-Ramliya« (Kostbare Perle der Sandwissenschaften; Beirut)

Zanaty, Scheich: »Scharḥ Aschkal ur-Raml« (Erklärung der Sandzeichen)

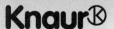

Pollack, Rachel
Tarot –
78 Stufen der Weisheit

Tarot kann Lebenshilfe, Entscheidungshilfe, Wegweiser durch schwierige Situationen und Schlüssel zur Selbstfindung sein – wenn wir verstehen, die Geheimnisse seiner Bilder und Symbole zu dechiffrieren.
400 S. mit 100 Abb. [4132]

Das Tarot-Übungsbuch

Während das überaus erfolgreiche erste Buch der Autorin, ›Tarot‹, eine Einführung darstellt, setzt dieses Buch gewisse Grundkenntnisse voraus. Die hier geschilderten markanten Beispiele werden dem Leser zahlreiche Anregungen für die eigene Tarot-Praxis vermitteln.
240 S. mit s/w-Abb. [4168]

Tietze, Henry G.
Entschlüsselte Organsprache

Krankheit als SOS der Seele. Verdrängte und unterdrückte Gefühle schlagen sich in ganz bestimmten Körperregionen nieder, wo sie schließlich psychosomatische Krankheiten verursachen.

Der Psychotherapeut Henry G. Tietze gibt einen Überblick über das Wesen dieser Krankheiten, ihre Ursachen und ihre Behandlungsmöglichkeiten.
272 S. [4175]

Sasportas, Howard
Astrologische Häuser und Aszendenten

Neben dem Tierkreiszeichen-System ist das Häuser-/Aszendenten-System die zweite, überaus bedeutsame Quelle astrologischer Interpretationsmöglichkeit. Seltsamerweise gibt es hierzu kein einziges, für die Deutungspraxis brauchbares Buch.
624 S. mit s/w-Abb. [4165]

Sakoian, Frances/
Acker, Louis S.
Das große Lehrbuch der Astrologie

Wie man Horoskope stellt und nach neuesten wissenschaftlichen Erkenntnissen Charakter und Schicksal deutet. 551 S. mit zahlr. Zeichnungen. [7607]

Schwarz, Hildegard
Aus Träumen lernen

Mit Träumen leben. Dieses Traumseminar geleitet uns über einen Zeitraum von acht Abenden in die Welt der Träume. Ein Symbolregister ermöglicht es, diese tiefgehende Einführung auch als Nachschlagewerk zu benützen.
272 S. [4170]

Garfield, Patricia
Kreativ träumen

Die Autorin erläutert ausführlich und leicht verständlich jene Techniken, mit Hilfe derer jedermann innerhalb kurzer Zeit entscheidenden Einfluß auf seine Träume nehmen kann. 288 S. [4151]

ESOTERIK